KB107592

세계사 속
중국사
도 감

SEKAISHI TO TSUNAGETE MANABU CHUGOKU ZENSHI by Takashi Okamoto
Copyright © 2019 Takashi Okamoto

All rights reserved.
Original Japanese edition published by TOYO KEIZAI INC.
Korean translation copyright © 2021 by IDAMEDIA
This Korean edition published by arrangement with TOYO KEIZAI INC., Tokyo,
through D&P Co.,Ltd., Gyeonggi-do

이 책은 (주)디앤피코퍼레이션(D&P Co.,Ltd.)을 통한 저작권자와의 독점계약으로
이다미디어에서 출간되었습니다.
저작권법에 의해 한국 내에서 보호를 받는 저작물이므로 무단전재와 복제를 금합니다.

세계사 속 중국사 도감

오카모토 다카시 지음 | 유성운 옮김

이다미디어

들어가는 글

중국 경제사를 통해 현대 중국을 읽는다

이 책을 집필하게 된 계기는《교양으로서의 세계사를 배우는 법》의 출판 기념 연구회에서 한 강연 때문이었다. 그런데 강연 이후 출판사 편집자로부터 "이번에는 중국사로 강연을 해 달라"라는 연락을 받았다. 그 강연을 토대로 '교양으로 배우는 중국사'라는 주제의 책을 만들고 싶다는 것이었다.

원래 고대로부터 현대에 걸친 중국의 통사는 써 본 적이 없고, 또 강연 형식의 책을 만드는 방법도 모르는 데다 경험도 없어서 매우 당황했다. 그러다 교양으로 읽는 세계사를 통사 형식으로 썼는데, 세계사의 일부인 중국사를 쓸 수 없다면 이상한 일이 아닌가 하는 생각도 들었다. 게다가 "한 번에 읽을 만한 중국사를 집필해 달라"라고 거듭 부탁하는 편집자의 열의에 압도되어 어느덧 준비가 갖춰져 있었다.

곰곰이 생각해 보면 소위 '초보'들을 상대로 한 전문가의 강연 기록은 어떤 분야의 입문에는 매우 도움이 된다. 동양사학의 개척자인 나이토 코난(内藤湖南)의 대표작도 대부분 강연록과 강의 노트였다. 넓게 역사학 전반에 대해 말하면, 에드워드 카의 《역사란 무엇인가》를 대표적인 저술로 꼽을 수 있겠다. 이런 것을 읽으며 어떤 혜택을 받았다고 생각하는 사람이라면, 전문적인 내용을 쉽고 간략하게 전달하는 형태로 책을 저술하고 싶다고 동경하기 마련이다.

물론 나이토 코난이나 에드워드 카에 비할 바는 아니지만 내게 주어진 기회를 굳이 거부할 필요는 없지 않느냐는 생각도 있었다. 무슨 일이든 경험해 보는 게 최선이라고 재차 마음먹고 만용을 한번 부려 봤다. 그런 과정을 거쳐서 모두 5~6회로 나누어 강의했던 내용을 정리한 것이 바로 이 책이다.

그러니까 이 책은 물론 중국사 연구서도 아니고, 학계의 진지한 연구자나 학자를 겨냥한 책은 더더욱 아니다. 물론 서술하는 학술적 기준은 있겠지만, 어디까지나 일반인들이 세계사와 연결해서 경제를 중심으로 중국사를 쉽고 흥미롭게 배우고 읽을 수 있다면 대만족이다.

우리는 자칫 중국이라는 나라가 예로부터 일관되게 존재한 것처럼 생각하기 쉽다. 그러나 눈앞의 현대는 긴 역사의 한 장면이며, 지금 '중국'이라고 부르는 대상도 어디까지나 세계사의 일부로서 끊임없이 변화해 왔다.

당연한 일이다. 그런데도 무심코 중국·동아시아의 역사를 세계사와 떼어 놓고 생각해 버리는 우리의 관념과 관습을 모두 고쳐 가고 싶다. '세계사와 연결해서 배우는 중국사'라는 개념은 그런 필자의 생각을 단적으로 대변해 준다.

그래서 소위 최신 학설이나 학계의 정설 등에 강박적으로 얽매이지는 않았다. 평소 내가 공부하고 가르치면서 느끼고 익힌 역사관을 독자들에게 제대로 전달할 수 있는 최고의 방법을 찾는 데 최선을 다했다. 전문가나 연구자의 폐쇄적인 공간이라면 몰라도 개방적인 지적 교류의 장에서는 그것이 오히려 최상의 학문적인 태도라고 믿어 의심치 않는다. 어쨌든 즐겁게 강의한 중국사를 독자들이 즐겁게 읽어 준다면 내게는 기대 이상의 기쁨이 될 것이다.

게다가 같은 학계에 있는 동료들이 비판과 가르침을 준다면 정말 기쁘겠다. 나의 역사관과 역사상을 한층 풍요롭게 하는 계기가 될 것이기 때문이다. 생각지도 않았던 기회로 인해 내가 한층 성장할 수 있기를 기대한다.

오카모토 다카시

세계사 속에서 배우는 5,000년 중국의 역사

중국 근대사의 해관(海關, 청나라가 외국과의 무역을 위해 설치한 세관), 동아시아 삼국 사이의 근대 외교사 등 '중국'을 설명하는 상징적인 개념에 대해서 왕성한 학문적 성과를 쌓아 온 오카모토 다카시 교수의 중국사 개론서가 나왔다. 복잡한 중국사를 한눈에 이해할 수 있는 짧은 분량의 책으로 만난 것은 순전히 지은이의 대중적이면서도 간결한 글쓰기 덕분이다. 무엇보다 장구한 중국사의 흐름을 세계사의 조류와 연결하는 광범위한 스펙트럼으로 담아 냈음에도 불구하고 단 몇 시간 만에 독파할 수 있게 만든 재주가 놀랍다.

보통의 중국사 연구자들은 자신이 전공하는 지역과 시대에 대한 아주 작은 주제를 다룬 학술서를 몇 권 출간하곤 연구를 마무리하기 마련이다. 조금 시야를 넓힌다고 하더라도 그 시대(가령 고대사, 중세사, 근대사 등)에 대한 개설서까지만 출간하기 마련이고, 대단히 큰 용기를 내어야 비로소 중국사 전체를 아우르는 개론서를 집필할 수 있다. 중국사의 어떤 세부 주제라 하더라도 엄청난 사료와 축적된 연구의 늪이 어떤지 잘 알고 있다. 그러기에 감히 자신이 잘 아는 시대사를 넘어서 중국사 전체를 다루는 이야기를 해 볼 엄두조차 내지 못한다.

그러다 보니 중국사 개설서 시장에 나와 있는 이른바 베스트셀러들을 보면, 각 시대에 대한 개론적 내용을 잘 모아 놓은 두꺼운 벽돌 책류의 중국사이거나 전문 역사가가 아닌 '지식소매상'들이 글재주를 기반으로 쓴 흥미 위주의 개론서가 많았다. 물론 페어뱅크(John K. Fair bank), 미야자키 이치사다(宮崎市定), 황런위(黃仁宇) 등 중국사의 대가들이 남긴 중국사가 있으나, 출간된 지 오래되어 최신 연구의 흐름을 담고 있지는 못하다.

오카모토 교수는 이 얇은 개론서를 통해 전혀 진부하지 않은 자신만의 관점을 담아내면서도 세계사의 흐름 속에서 파악할 수 있는 중국사 서술에 성공한 것 같다. 게다가 21세기로 접어든 이후에 주로 일본에서 진행된 중국사, 세계사의 최신 연구 성과도 상당 부분 담아내는 참신함도 발견된다. 그중 백미는 전 지구적으로 발생한 기후변화(한랭화, 소빙기 등)와 연동되어 유라시아 대륙의 양극단에서 나타나는 역사 전개의 '동시성'일 것이다.

중국사를 접할 때 무의식중에 침윤된 유럽 중심적인 사고방식에 대한 자성의 태도와 이에서 벗어날 때 보이는 중국 문명에 대한 깊은 통찰도 곱씹어 볼 만하다. 무엇보다 다양한 지도와 도표를 일목요연하게 제시해 주어 역사와 지리의 아름다운 조화의 모범을 보여 주고 있다. 이 책을 통해 한국에서도 선별된 역사 전문가들이 참여할 수 있는 역사 개론서 시장이 탄생하기를 소망해 본다.

조영헌
고려대 역사교육과 교수
저서《대운하 시대 1415-1784, 중국은 왜 해양 진출을 '주저'했는가?》

차례

1장

황하문명과 중화의 탄생

A BRIEF HISTORY OF CHINA

건조 지역과 습윤 지역이 인류의 삶을 양분했다

어떤 나라와 지역의 역사를 배울 때 우선 중요한 것은 무대를 설정하는 것입니다. 역사 학습의 대전제라고 해도 좋습니다. 인간 생활의 기본은 뭐니 뭐니 해도 의식주이니까요. 그래서 그것을 영위하게 만드는 자연조건이나 생태 환경이 인간의 생활 무대가 됩니다. 그런 무대가 다르게 설정된다면 의식주나 생활도 많이 달라지고 역사의 물줄기도 바뀌게 되겠지요.

이것은 당연한 말로서 우리도 일상을 살아가면서 잘 알고 있는 것이기도 합니다. 하지만 오히려 잘 알고 있기 때문에 곧잘 잊어버리기도 하는 것이지요.

이 같은 전제를 의식하고 머리에 넣어 두지 않으면 역사상 나타나는 수많은 변화나 사건을 표피적으로만 바라보게 됩니다. 이런 시각과 자세로는 역사의 진실을 상상하고 이해하고 통찰하기 어렵습니다. 역사를 읽는 묘미도 자칫 반감될 것입니다.

지금까지 언급되어 온 '세계사'는 의외로 이러한 큰 전제를 무시해 왔습니다. 하기야 연극이든 소설이든 무대는 대략 주어진 것일 뿐, 보통의 관객이나 독자는 그다지 신경 쓰지 않습니다. 역사 서술도 마찬가지라고 할 수 있겠습니다. 특히 서양의 역사관에는 어느 지역에서든 인류는 모두 똑같이 사고하고 행동하며 비슷한 역사적 과정을 거쳤을 것이라는 전제가 존재했습니다.

서양에 관련된 주제뿐이라면 그래도 괜찮겠지요. 하지만 세계 전체를 다루는 세계사라면 그런 시각과 태도는 바람직하지 않습니다. 예전에는 확실히 그랬습니다만, 글로벌 차원에서 세계사를 이해해야 하는 오늘날에도 이런 상황이 확실하게 달라진 것은 아닙니다.

그래서 이 책은 그런 문제를 바로잡는 의미에서 독창적인 중국사의 무대 설정에서부터 시작해 보고 싶습니다.

중국을 포함한 유라시아는 지구상에서 가장 큰 대륙이지요. 그만큼 면적이 넓은 땅덩어리입니다만, 그것은 동시에 해안선이 상대적으로 짧다는 것을 의미합니다.

해안선에 가까운 곳은 습기가 많으므로 습윤 기후가 됩니다. 당연한 이야기이지요. 그럼 거꾸로 말하면 바다에서 먼 내륙 지방은 건조 기후가 된다는 뜻입니다. 이것이 아주 간단하게 기후와 지역을 구분하는 대전제입니다. 그리고 앞에서 말한 대로 환경이 다르면 그곳에 거주하는 사람들의 생활방식도 달라집니다.

자연환경에서 비롯된 농경민과 유목민의 차이

물을 바로 조달할 수 있는 습윤 지역에서는 식물 재배도 비교적 쉽게 통제할 수 있습니다. 그래서 농경생활이 시작되고 정주생활이 가능해졌습니다. 인간의 생존에 매우 유리한 환경이라고 할 수 있습니다.

그와 대조적으로 건조 지역은 물이 거의 없으므로 모든 생명체에게 가혹한 환경입니다. 사막이 전형적인 예라고 할 수 있는데, 문자 그대로 '불모의 땅'입니다. 다만 아무리 건조한 지역이라고 해도 사막 같은 곳만 있는 것은 아닙니다. 식생이 다소 존재하는 지역도 있습니다. 그것이 스텝(초원 지역)입니다.

구체적으로 볼까요. 스텝, 즉 초원 지대는 대략 북위 45도에서 50도에 걸쳐 동서로 길게 뻗어 있습니다. 동쪽은 다싱안링(大興安嶺) 산맥의 동쪽 기슭 부근을 시작으로 몽골고원을 거쳐 중앙아시아의 준가르 분지와 카자흐 초원, 그리고 서쪽의 남러시아 초원에서 동유럽의 헝가리 평원까지 펼쳐져 있습니다. 그곳에서는 초본식물(줄기가 목재가 되지 않는 식물)이 지역에 따라 나름으로 자라고 있고, 목축생활에도 적절한 환경을 갖추고 있습니다.

이런 환경에서는 동물도 살아갈 수 있으므로 인간으로서는 이를 가축화해서 목축하는 생활방식이 가능합니다. 가축들로부터 나오는 유제품이나 고기에 의지해서 생활하는 것이지요.

다만 건조 지역의 초원은 일정한 계절이나 지역을 제외하면 식물이 자라지 않는 경우가 대부분입니다. 물자가 부족한 조건 아래서 목축을 계속하려면 필연적으로 초원에서 초원으로 이동을 반복하는 불안정한 생활을 할 수밖에 없습니다. 그것을 표현한 말이 '유목(遊牧)'인데, 여기서 말하는 '유(遊)'는 한 장소에 머물지 않는다는 의미입니다. 인간이 생존하기엔 어려운 조건이지요.

농경민과 유목민의 차이는 복장을 보면 일목요연해집니다. 옷차림에 차이가 있고 애초에 원재료부터 다릅니다. 농경민의 옷은 식물의 섬유로 만들어졌습니다.

반면 유목민의 옷은 동물의 가죽을 바탕으로 하고 있지요. 물론 서로 다른 것은 옷이나 음식만이 아닙니다. 개인이건 집단이건 살아가면서 형성되는 전통적인 풍습이나 사회적인 관습도 크게 달랐어요.

예를 들어, 유목민에게는 젊은이보다 노인을 존중하는 경로(敬老) 문화가 없습니다. 또, 아버지나 형이 죽으면 그 아내를 아들이나 동생이 아내로 삼습니다. 이른바 '약탈혼'이나 마찬가지인데, 농경민족의 사고나 감각으로는 쉽게 받아들일 수 없는 풍습입니다.

왜 농경민과 유목민의 풍습은 다른 것일까?

이것을 잘 보여 주는 예를 중국의 역사 기록에서 확인해 보겠습니다. 다음은 사마천(司馬遷)이 쓴 《사기(史記)》의 〈흉노 열전(匈奴列傳)〉에 나오는 일화입니다. 《사기》는 아시다시피 기원전 1세기 한(漢) 왕조 때 만들어진 중국 최초의 체계적인 역사서입니다. 당시 흉노는 유라시아 최대의 유목 국가로, 한나라와 동아시아를 양분한 라이벌이었습니다.

"흉노가 노인을 소중히 여기지 않는다는 것은 어떠한 것인가?"
"한나라에서는 노인들이 원정 길에 오르는 병사들에게 따뜻한 옷과 맛있는 음식을 주거나 보내지 않는가?"
"물론 우리도 그렇게 한다."
"흉노의 일은 전투다. 노약자는 싸울 수 없으니 건강한 젊은이에게 맛있는 음식을 주고 스스로 만족하는 것이다. 그 덕분에 부자(父子)도 모두 무사하다는 것을 안다. 흉노가 노인을 얕잡아 보는 것이 아니다."
"흉노는 가족이 모두 한 천막에서 잔다. 아버지가 죽으면 자식이 나중에 아버지의 아내를 후처로 삼고, 형제가 죽으면 그 처도 자신의 아내로 삼으니 인륜에 어긋난다."
"흉노에서의 군신 관계는 간소해서 정치라는 것은 그저 몸을 닦는 것과 같다. 아버지나 형제가 죽었을 때 그 아내를 취하는 것은 집안의 대가 끊기지 않도록 하기 위한 것이다. 아무리 문란해도 그들은 반드시 종가를 세운다. 중원에선 외형상 아버지나 형의 아내를 취하지 않는다고는 하지만, 친족은 관계가 소원해지면 서로 죽이고 다른 성으로 바꾸곤 한다는데, 어떻게 생각하는가?"

여기에서 논쟁하고 있는 상대는 농경 세계의 한(漢) 왕조에서 온 사신과 유목 세계 흉노 측의 중항열(中行說)이라는 인물입니다. 중항열은 원래 한나라 사람이었는데 흉노로 귀화해 외교를 맡게 되었습니다. 한나라 문제(文帝) 때니까 기원전 2세기쯤에 해당합니다. 한나라 사신의 편견을 반박하는 중항열의 말은 유목 세계 나름의 합리성을 잘 설명해 줍니다. 조금만 더 귀를 기울여 보겠습니다.

"흉노에서는 가축의 고기를 먹고, 젖을 먹고, 가죽을 입는다. 가축은 풀을 먹고, 물을 마시고, 때에 따라 이동한다. 그래서 모두 말을 타고 활을 쏘는 것에 익숙한 대로 유사시에 임하고, 무사할 때는 모두가 편안히 쉰다. 규정도 까다롭지 않아서 실행하기 쉽다. 흉노의 인구가 한나라의 한 군(郡)에도 미치지 못하는데, 그래도 막강한 것은 의식(衣食)이 전혀 달라 한나라의 산물에 의존하지 않아도 되기 때문이다. 만약 전통적으로 내려오는 풍습이나 사회적인 관습을 바꾸어 한나라의 산물을 좋아하게 된다면, 한나라 측이 인구의 2할만 사용해도 흉노는 일체 목숨을 잃을 수 있다. 그러나 한나라 비단을 얻은들 풀밭으로 말을 달리다 보면 가시에 찔려 너덜너덜해지니 털가죽의 단단함에는 미치지 못한다. 한나라 음식을 얻은들 유제품의 간편함과 맛에는 미치지 못한다."

과연 적절한 비유와 명쾌한 해석이 농경 세계 출신답다는 생각이 듭니다. 어쨌든 유라시아의 생태 환경에서는 농사를 지으며 정착하거나, 목축을 하며 이동하는 두 가지 유형의 생활패턴이 만들어졌습니다. 이것이 서로 다른 역사가 전개되는 대전제가 됩니다.

문명은 농경과 유목의 교류 지대에서 태어났다

그 모습을 단적이지만 공간적, 지리적으로 나타낸 것이 〈도표 1-1〉입니다. 이를 보면 중국을 포함한 유라시아 대륙뿐만 아니라 아라비아반도와 아프리카 대륙까지 농경 지역과 유목 지역으로 나뉘어 있었음을 알 수 있습니다.

다만 각각의 지역에 사람들이 살고 있었다고 해서 그것만으로 역사가 태어나고 만들어지는 것은 아닙니다. 예를 들어, 이 그림에 그려지지 않은 아메리카 대륙에도 이미 사람들이 살고 있었지만 세계사에는 일절 등장하지 않습니다. 역사란 언제나 사람들의 생태를 알 수 있는 기록과 한 세트로 태어나는 것이기 때문입니다.

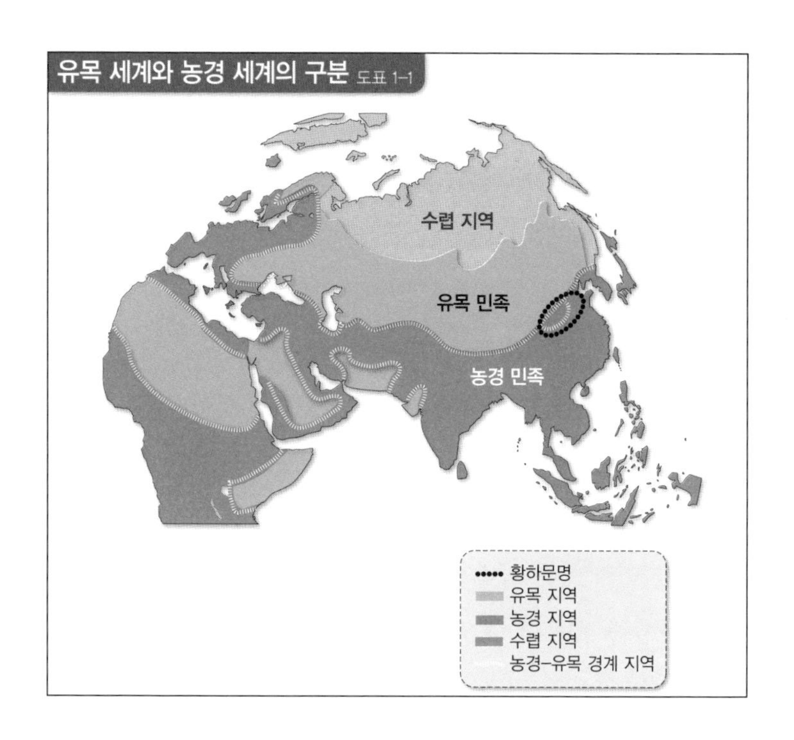

게다가 뒤에 이어지는 과정까지 내다볼 수 있는 것이 조건입니다.

역사학계에서는 이것을 '역사 자료'라고 합니다. 이 중에서 '사료(史料)'란, 문자로 기록된 문헌 등을 말합니다. 또, '자료(資料)'란 비(非)문자인 것, 예를 들어 출토된 유물이나 그림, 지도 등을 총칭하는 말입니다. 이 모두가 연구 대상이 되지만, 이것들을 통해서 역사의 얼개를 추적할 수 있다는 것이 중요합니다.

어떻게 보면 역사는 그러한 자료를 오래전부터 남긴 지역에서 비롯되는 것이기도 합니다. 그것이 이른바 고대 문명이 발달한 지역입니다. 세계사에서 '고대 문명'은 모두 기본적으로 문자를 가지고 있었습니다.

또, 문명이 있었다는 것이 훗날 알려지는 예도 있지요. 중국의 장강문명(長江文明, 장강 유역에서 일어난 문명으로 황하문명과 함께 중국 문명의 원천이다)이 그 전형인데, 황하문명에 종속되는 상황에 놓여 있었던 것 같습니다. 그래서 고고학이나 관련 학문이 발전했음에도 비교적 최근까지 그 존재를 인지하지 못했던 것이지요.

그래서 역사의 시작부터 이야기하자면, 일단 '고대 문명'을 기점으로 하는 것이 맞다고 생각합니다. 물론 시작의 기본 포인트는 모두 건조 지역과 습윤 지역의 경계 지대에서 발생했다는 것이지요. 〈도표 1-1〉을 보면 알 수 있듯이 중국의 '고대 문명'으로 말한다면 바로 황하 유역이 그 지역에 해당합니다.

황하 유역은 기본적으로 건조한 기후입니다. 다만 온도는 일정 수준 이상 유지되었기 때문에 물만 끌어들이면 농경할 수 있었지요. 또, 산이나 강 등 가로막는 것 없이 대부분 평원이었기 때문에 유목민들이 쉽게 접근할 수 있는 땅이기도 했지요. 그렇다면 왜 경계 지대에서 주요 문명이 번성했는가. 이것은 조금만 생각해 보면 알 수 있습니다.

건조 지역과 습윤 지역은 서로 대조적인 기후, 생태계, 생활 습관, 풍습 등을 갖고 있었지요. 서로 갖지 않은 것을 가진 것입니다.

접경 지역은 환경이 다른 인간끼리 교류하는 '마켓'

예를 들어, 한쪽은 채소 · 곡물 등 식물로부터 영양소를 섭취하는 곳이고, 다른 한쪽은 고기 · 유제품 등 동물로부터 영양분을 섭취하는 곳이었다고 가정해 봅시다. 그러면 서로 그 일부를 교환해 부족한 산물을 얻음으로써 식탁을 풍성하게 만들자고 생각하겠지요. 물론 그것이 식사만으로 그치는 것은 아닙니다. 다음은 앞서 나온 중항열의 발언입니다.

"한나라 사자여, 수다 좀 그만 떨어라. 한나라에서 우리 흉노에게 비단과 곡식을 모두 충분하게만 바친다면 상관없다. 다만 부족하거나 조악하다면 가을 추수 때 너희 곡식을 기병으로 짓뭉개 버리겠다."

사절끼리의 외교 교섭치고는 강경하고, 위협적이고, 폭력적으로까지 보입니다. 그런데 잘 보면 어떤가요? 중항열은 앞서 한나라의 산물에 의존하지 않는다고 설명했습니다. 그런데 그런 그조차도 농경 세계의 의복과 음식 재료가 유목 세계에도 나름 필요하다고 인정했음을 알 수 있습니다. 그리고 그것이 만족스럽게 들어오지 않을 때만 무력을 행사하겠다고 호소하는 것도 간과할 수 없습니다.

반대로 말하면, 평화가 유지될 때는 서로 물자를 융통하는 것이 정상적인 상황이었던 것입니다. 그것이 어떻게 실현되는가, 라고 한다면 역시 물물교환입니다. 그래서 접경 지역에서 교섭과 교류가 시작되고, 서로 왕래하는 교역의 거점이 되어 갔습니다. 즉, '시장'이 생긴 것입니다.

생각과 생활패턴이 다른 사람끼리 어울리면 서로 시야가 넓어지는 반면, 충돌과 알력도 끊이지 않습니다. 무엇을 어떻게 교환할 것인가를 다루는 교섭이나 상담이 필수입니다. 이것은 예나 지금이나 의문이 필요 없는 진리입니다.

그래서 먼저 언어가 발달하게 됩니다. 물물교환이나 분쟁 해결의 수단으로 기록물을 남기자는 얘기가 되겠지요. 요즘 자동차라면 블랙박스를 설치할 수 있지만, 당시에는 영상으로 남길 수 없었던 만큼 문자로 남길 수밖에 없었습니다.

그래서 유목 세계와 농경 세계와의 경계 지역을 중심으로 문자 기록, 나아가 고대 문명이 발생할 수 있는 토대가 만들어졌다고 볼 수 있습니다. 단, 이는 어디까지나 가설입니다. 확실하게 실증할 수 있는 것은 아닙니다. 실증 가능한 문제라고도 생각되지 않습니다. 그러나 향후 연구를 통해 설득력 있는 문장으로 완성해 나갈 수 있을 것으로 생각합니다.

'문명지도'에서 유라시아를 4분할해 구분한다

여기까지가 중국을 둘러싼 대략적인 무대 설정입니다. 다음으로 고대 중국이나 동아시아의 위상에 대해 생각해 보고자 합니다.

인류학자 우메사오 다다오(梅棹忠夫, 교토 대학교에서 민족학과 비교문명학을 전공했으며, 일본 국립민족학박물관 관장을 역임한 민속학자)는 유명한 저서 《문명의 생태 사관》에서 '문명지도'라는 개념도를 제시하고 있습니다. 그것이 〈도표 1-2〉입니다.

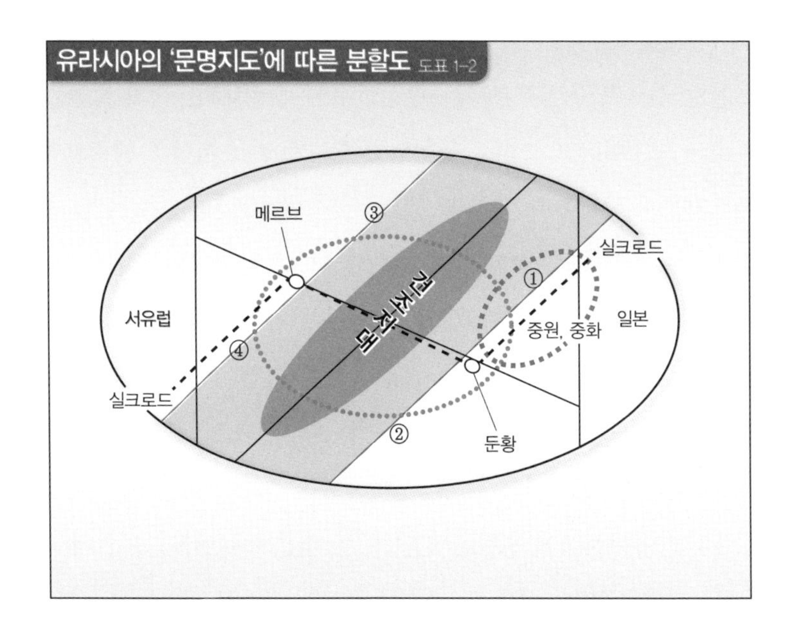

유라시아의 '문명지도'에 따른 분할도 도표 1-2

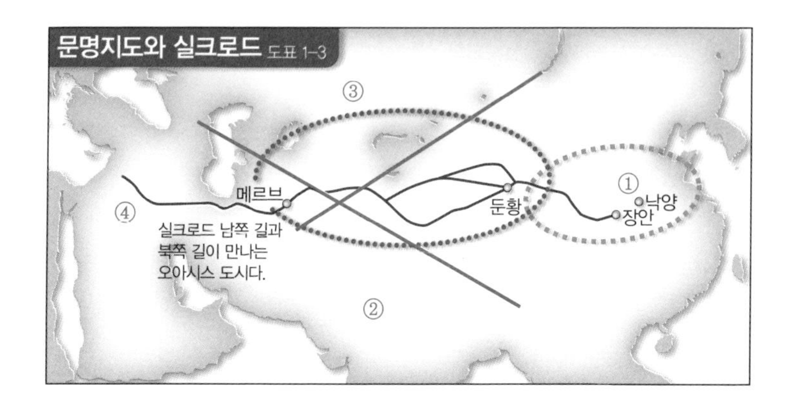

문명지도와 실크로드 도표 1-3

유목과 농경의 경계 지대에 시장의 거점이 생겼다는 사실은 앞서 말씀드린 바와 같습니다. 기본적으로는 북부가 유목 지역이고 남부가 농경 지역인데, 이 경계 지대는 동서로 뻗게 되지요. 그것이 오늘날 실크로드라고 부르는 간선도로인 셈입니다. 특히 오늘날 '투르키스탄'이라고 불리는 동쪽의 둔황으로부터 서쪽의 메르브에 이르기까지 중앙아시아 일대(〈도표 1-2〉의의 점선으로 둘러싸인 부분)는 15세기 말부터 시작되는 대항해 시대보다 앞선다는 점에서, 세계사에서 가장 중요한 지역으로 여겨집니다. 〈도표 1-2〉의 '문명지도'는 바로 그 부분을 오려 내어 표현한 것입니다. 이것을 실제 지도에서 떼어 낸 것이 〈도표 1-3〉입니다. 실크로드의 위치 관계 등을 잘 알 수 있을 것입니다.

하지만 유라시아에 평탄한 땅만 있는 것은 아니에요. 좋은 예로 아주 험준한 산맥이 모여 있는 중앙 부분이 파미르고원입니다. 〈도

표 1-3〉에 그린 ×표시, 정확히 선이 교차하고 있는 근처에 있습니다. 그 구별을 나타낸 것이 ×표인데 편의상 각 지역을 ①, ②, ③, ④로 표기했습니다. 이 중 ③은 북아시아의 한랭지이고, 인구도 희박하니, 일단 제외하고 생각합시다.

①, ②, ④를 보면 각각 건조 지역과 습윤 지역이 있고 문명이 번성했다는 공통점이 있습니다. ②의 남아시아 지역은 북부의 건조 지역과 갠지스강, 인더스강을 품으며 인더스문명이 번성했고, ④의 서아시아는 중앙아시아의 초원에서 물이 풍부한 서쪽으로 퍼져 오리엔트 문명을 만들어 냈습니다.

그리고 ①은 동아시아로 현재 중국에 해당하는데, 황하 유역에서 장강까지 펼쳐진 충적평야가 주요 무대입니다.

전자는 건조 지역, 후자는 습윤 지역으로 크게 나뉘는데, 실크로드는 둔황에서 황하 유역의 서쪽 끝, 장안으로 뻗었다가 다시 동쪽으로 향합니다. 이것이 동아시아의 유목과 농경의 경계 지대가 되면서 황하문명의 발상지가 된 셈이지요.

다시 말해 중국사는 유라시아 각지에 공통으로 존재하는 고대 문명의 발전 과정 중 동쪽 블록에서 시작된 것입니다. 즉, 각 문명은 완전히 단독으로 번창한 것이 아니라 어딘가에서 발명된 것들이 실크로드를 따라 각지로 전파되면서 서로 발전에 이바지했다고 봐야 하지 않을까요?

고대 오리엔트 문명에서 영향을 받은 황하문명

그러면 가장 일찍이 번영한 곳은 어디일까요? 확실히 ④의 오리엔트 지역이라고 생각합니다. 예를 들어, 유목과 농경의 경계 지대로서 상업이 발달하거나 문자를 갖게 된 것도 오리엔트가 최초였지요. 인간의 거주 형태인, 시장을 중심으로 모여 사는 취락구조를 만든 것도 바로 이들입니다. 이른바 오아시스 도시가 그 전형이지요. 또, 시장이 있다면 거기에는 사람과 부(富), 즉 돈이 모여듭니다. 이를 보호하기 위해 마을 주위를 벽으로 둘러싼 것이 '도시국가'의 시작이었습니다.

메소포타미아의 수메르 부근에서 가장 오래된 도시 국가 형태가 확인되고 있습니다만, 이집트 · 시리아에서 지중해로 파급되어 마침내 그리스 서쪽으로 확대 발달했습니다. 그리고 실크로드를 경유해 ②의 남아시아 · 인도에도 전해집니다.

원래 ②의 인도는 알렉산드로스 대왕의 동방 원정을 비롯해 끊임없이 서쪽으로부터 압력을 받았던 곳이에요. 초기 문명의 발전 단계에서도 다소 영향이 있었음을 쉽게 짐작할 수 있습니다. 다만 ①의 동아시아 지역은 ④나 ②로부터 어느 정도의 영향을 받았는지가 분명하지 않아요. 구체적으로 무엇이 황하문명에 전달되었는지 실증하는 것은 어려운 일입니다.

그렇다고 해도 중앙아시아를 경유해서 어떠한 영향을 받은 것은 틀림없습니다. 예를 들어, 도시 국가나 청동기와 철기도 서방의 오리엔트에서 최초로 발달하고, 동쪽으로 전파되었다고 알려져 있습니다.

즉, 문명도(文明度)라고 하는 점에서는 유라시아의 서방이 더욱 선진적이고 동방은 서방과 비교해 후진적인 지위였던 셈이지요. 중국 문명도 그런 위치에서 파악할 필요가 있습니다. 실크로드를 따라 이어진 덕분에 황하 유역은 서쪽에서 오는 선진 문명을 수용하기에 가장 좋은 지역이었다고 볼 수도 있겠지요.

도시 국가들이 패권을 다툰 춘추전국 시대

자, 이제 중국의 역사를 슬슬 시작해 볼까요? 원래 중국이나 중화(中華)는 중앙, 중심, 가운데라는 뜻입니다. 즉, '센터'로, 아이돌 그룹에서는 '최고'라는 의미를 갖고 있지요. 이 나라를 '중국'이라는 고유명사로 부르게 된 것은 20세기에 들어서부터입니다. 그때까지 영어 'CHINA'를 의미하는 한자어로는 명(明)이나 청(淸)처럼 당대 정권의 명칭이 사용되었습니다.

앞서 말한 것처럼 초기 중국에도 도시가 존재했습니다. 기원전 5세기까지 이어진 춘추 시대에 도시는 한자로 '읍(邑)'이라고 표현됩니다. '읍'이라는 글자는 한자 부수로 치면 '阝'인데 도시(都)의 오른쪽 부분을 가리킵니다. 그래서 이 한자의 원래 뜻은 도시 중에서도 큰 도시라는 뜻입니다. 정치와 행정의 중심지라는 의미지요.

대도시라고는 하지만 도시가 통째로 성벽으로 둘러싸여 있다는 게 특징입니다. 오늘날에도 중국에서 'CITY'나 'URBAN'을 의미하는 말은 성시(城市) 또는 성(城)입니다. 그 성벽 중에서 가장 큰 것이 만리장성입니다.

중국의 입장에서 보면 '성(城)'이라고 하는 것은 '요새(要塞)'입니다. 또, 성벽이 없는 도시는 단순히 사람들이 모여 사는 취락 기능을 갖춘 마을에 불과합니다.

게다가 읍의 성벽은 한 겹만 있는 것이 아닙니다. 더 큰 도시가 되면 안쪽에 성을 쌓을 뿐 아니라 바깥쪽에 곽(郭)을 쌓기도 했습니다. 이것을 내성외곽(內城外郭)이라고 합니다. 예를 들어, 북경은 삼중으로 되어 있었습니다. 첫째는 황제가 사는 곳을 둘러싸고, 둘째는 정부 기관을 둘러싸고, 셋째는 시민이 사는 지역을 둘러싼 것이지요.

이렇게 성으로 에워싸인 모습이 전형적인 중국의 도시였어요. 초기 중국에서는 각각의 도시가 독립국과 같았기 때문에 이를 '읍제국가[(邑制國家, 대읍(상나라 왕), 족읍(상나라 왕과 연합관계인 씨족의 우두머리), 소읍(씨족의 우두머리와 연합관계인 동족집단의 우두머리)을 중심으로 성벽을 갖춘 국가)]'라고 부릅니다. 그렇게 해서 무수한 도시 국가가 있었던 시대가 춘추 시대였고, 거기에서 더 발전한 것이 전국 시대인 것이지요.

동양사학자 미야자키 이치사다(宮崎市定, 중국의 경제와 사회, 제도 등을 연구하는 교토학파의 중심인물로, 중국의 과거제도에 관한 논문이 유명하다)에 따르면 '국가'라는 글자 자체가 당시의 도시 국가를 나타내는 상형문자라고 합니다. '國' 안의 '或' 부분은 '창'을 가진 '입(=사람)'이 '하나(=땅)'에 서 있는 모습을 나타내고, 그 주위를 '입(=성벽)'이 둘러싸고 있다고 보는 것입니다. 무기를 가지고 있다는 것은 각각 정치적으로 자립, 독립된 상태를 의미합니다. 이를 침범하려는 자가 나타나면 무력으로 물리치겠다는 의사 표시인 셈이지요.

이런 상태는 진시황이 전국을 통일한 기원전 3세기까지 이어졌습니다. 각 도시 국가는 전국 시대를 거치면서 주요 7국(전국 7웅)으로 할거했는데, 진시황이 이것을 하나의 나라로 병합했던 것입니다.

이 과정은 그리스에서부터 로마까지의 역사와도 서로 잘 맞습니다. 이것을 지적한 사람도 바로 미야자키 이치사다 선생이지요.

그리스에서는 무수히 많은 폴리스가 서서히 아테네와 스파르타를 중심으로 정리되어 갔습니다. 그런 움직임이 이탈리아반도까지 파급되어, 로마를 중심으로 정리됩니다. 로마는 여기에 북아프리카의 카르타고도 정복해 로마제국을 세우게 되는 것입니다.

중국의 경우엔 도시 국가의 번성이 황하 유역에 집중되어 있습니다. 앞서 말한 것처럼 장강 유역에서도 문명이 어느 정도는 발달했지만, 선진 문화와 철기, 기마 전술 등을 꾸준히 흡수하는 황하 유역의 도시 국가들과는 비교할 수 없었습니다. 결국 장강 유역은 패배할 수밖에 없는 운명이었다고 여겨집니다. 반대로 서쪽에서 들여온 문명과 도시 국가적 국가 형태는 중국의 황하 유역에서만 발달했던 셈이지요. 그러니 이 지역이 동아시아 무대의 핵심을 차지했던 것은 필연적이라 할 수 있습니다.

황하 유역에서의 '한자'의 탄생과 '중화'의 시작

앞서 말했듯이 문명이 번성하는 곳에서는 문자가 탄생합니다. 언어에는 몇 가지 계통이 있습니다만, 그것을 한번에 볼 수 있도록 정리한 것이 〈도표 1-4〉입니다. 원으로 둘러싼 부분은 각각 앞의 ①, ②, ④에 대응하고 있습니다. 동아시아의 경우 중국 한자를 중심으로, 여러 개의 언어가 파생되어 있음을 알 수 있습니다.

각 계통의 차이가 여실히 드러나는 것이 바로 문자의 배열입니다. 〈도표 1-4〉에서 알 수 있듯이 가로쓰기가 많은데 오른쪽부터 쓰는 언어도 있고 왼쪽부터 쓰는 언어도 있습니다. 특히 오리엔트에서는 둘 다 쓰였던 것 같습니다.

이 지역에는 원래 페르시아계와 셈계 등 다양한 사람들이 살고 있었고, 결국 셈계의 아랍인이 이슬람을 만들었습니다. 이슬람 성전(聖典)이 오른쪽부터 쓰는 아랍어로 통일되었기 때문에 아랍 세계에서는 그 배열이 정착되었다고 합니다.

반면 인도나 유럽에서는 왼쪽부터 쓰는 방식을 수렴했습니다.

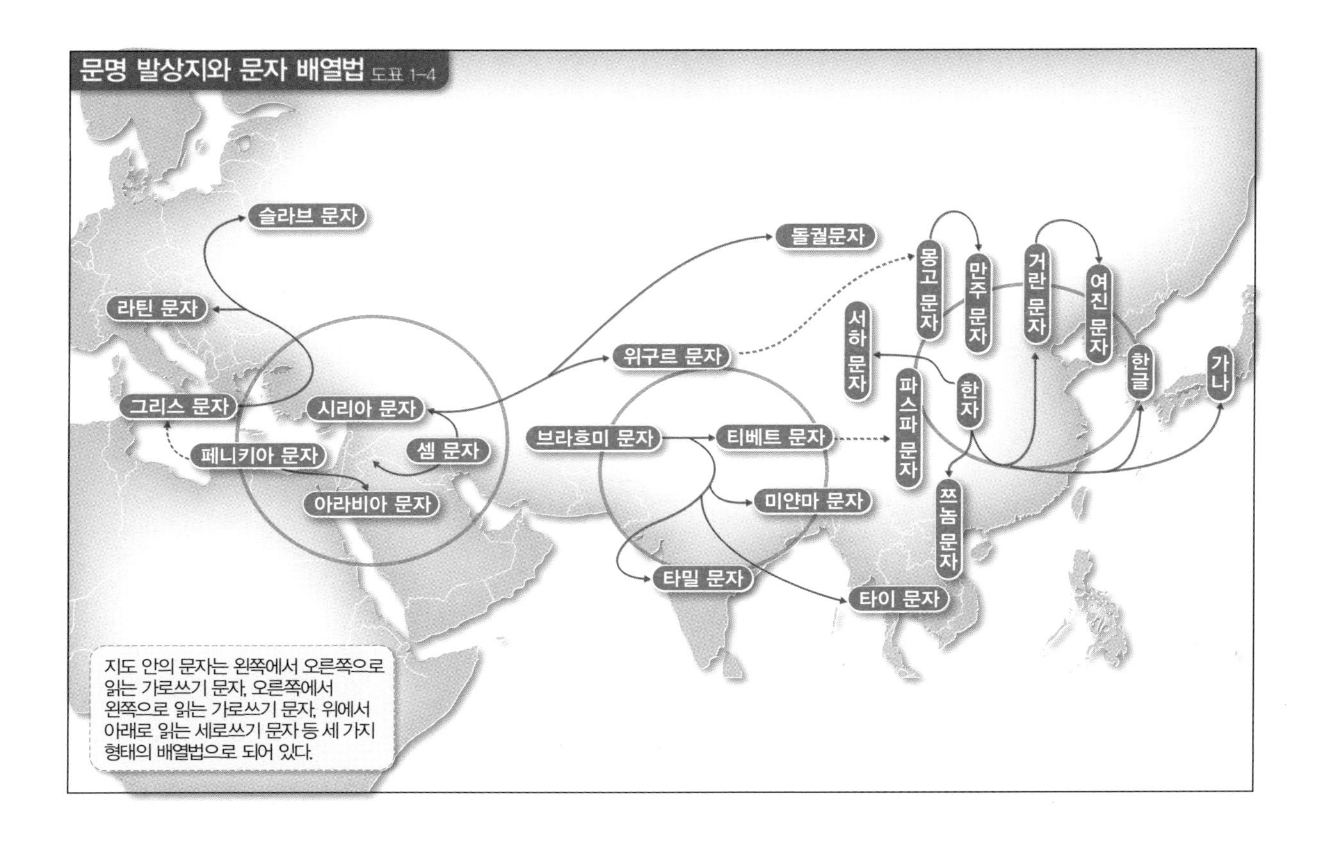
문명 발상지와 문자 배열법 도표 1-4
슬라브 문자
라틴 문자
그리스 문자
시리아 문자
페니키아 문자
셈 문자
아라비아 문자
위구르 문자
돌궐문자
브라흐미 문자
티베트 문자
미얀마 문자
타밀 문자
타이 문자
서하 문자
몽고 문자
만주 문자
거란 문자
여진 문자
파스파 문자
한자
쯔놈 문자
한글
가나
지도 안의 문자는 왼쪽에서 오른쪽으로
읽는 가로쓰기 문자, 오른쪽에서
왼쪽으로 읽는 가로쓰기 문자, 위에서
아래로 읽는 세로쓰기 문자 등 세 가지
형태의 배열법으로 되어 있다.

그런데 동아시아에서는 오리엔트와는 달리 세로 배열이 됩니다. 이유는 알 수 없지만 일단 그렇게 정해진 이상 바꾸기는 쉽지 않습니다. 전달 수단으로서 그것이 공통의 규칙이 되었기 때문입니다.

즉, 도시든 문자든 동아시아에서는 중국을 중심으로 공통의 문명이 발전되어 간 것이지요. 그것은 멀리 떨어진 지역 사람들의 생활 방식이나 관습, 문화에도 영향을 미쳤습니다. 그래서 중국은 자신들이 주위 이민족과 다른, 우뚝 선 중심이라는 관념을 가지고 발달해 갑니다.

그런 문화와 문명의 중심인 황하 유역을 '화(華)', '중화(中華)', '중원(中原)', '중국(中國)' 등으로 부르고, 그 안에서 분립된 읍(邑)이나 국가 지배층인 '제후(諸侯)'가 서서히 도태되면서 결국 우두머리에 오른 자가 '천자(天子)'가 되어 중국의 정치체계를 확립하게 됩니다. 그렇게 중국에서 처음으로 탄생한 통일국가가 '진(秦)'이고, 그 뒤를 한(漢) 왕조가 잇는 것이지요.

한편, 전통적으로 내려오는 풍습이나 사회적인 관습 · 문화 · 문명을 가지고 있지 않거나 문자를 갖지 않은 주변 지역 사람들은 '이(夷)'로 배척하게 됩니다.

'이(夷, 야만인)'는 '화(華)'의 반대되는 말인데, 두 글자로 늘려서 '외이(外夷)'와 '중화(中華)'라고 해도 의미는 같습니다. 그것은 고대 그리스인이 자신을 스스로 '헬레네스'라고 부르고, 이방인을 '바르바로이'라고 칭했던 경우와 비슷합니다.

그 구도를 그림으로 나타낸 것이 〈도표 1-5〉인데 진한(秦漢) 시

중화에서 외이의 구도와 화이사상의 개념도 도표 1-5

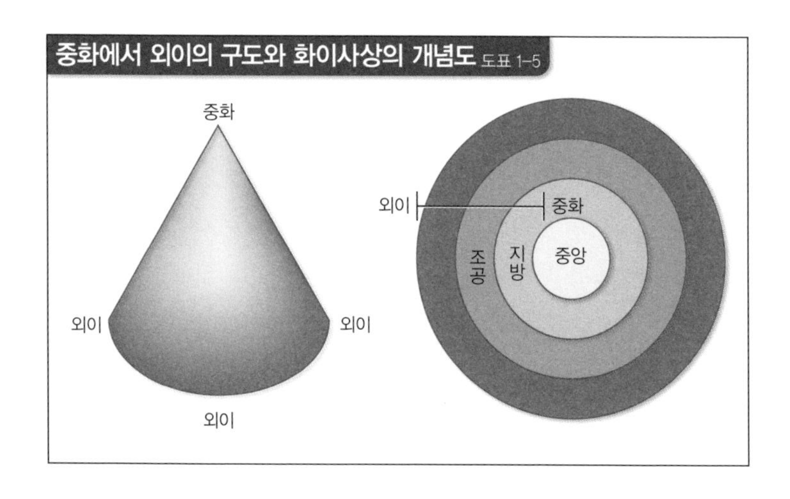

기뿐만 아니라 중국의 통시대적 질서 관념을 보여 줍니다. 우선 원 가운데 중화가 있고 그것을 지방이 둘러싸고, 그 바깥에 조공국이 있다시피 멀어질수록 야만적인 외이가 된다는 개념이지요. 그러니까 원의 중심에 가까울수록 '중화도(中華度)'가 높고, 멀어질수록 낮아지는 셈입니다.

또, 이 그림은 입체적인 원뿔로도 볼 수 있습니다. 당연히 중앙이 가장 높고 그 정점에 군림하는 것이 천자입니다. 반면에 외이일수록 위치는 낮아집니다. 어쨌든 계급별로 딱 경계선이 있었다기보다는 동심원 형태로 펼쳐져 있었다고 보는 편이 맞다고 생각합니다.

'중화'와 '외이'가 서로 교섭하지 않았던 것은 아닙니다. 다만 '외이'가 있기 때문에 '중화'가 상대적으로 존재할 수 있었다고 보는 것이지요. 아마도 초기의 '화'라고 부를 수 있는 범위는 황하 유역의 극히 일부에 한정되어 있었을 것입니다. 그러나 주변의 '이', 특히 유목민과 접촉을 거듭함으로써 상대를 동화시키는 동시에 상대방의 이질적인 문화를 받아들였고, 이러한 교섭을 거쳐 '중화'의 범위는 점차 확대되고 일부는 도태되면서 결국 진 · 한제국으로 불리는 통일국가로 발달하게 된 것입니다.

진·한의 통일로 중국의 원형이 만들어졌다

'중화'는 중화만으로 성립할 수 없었습니다. 이것은 역사를 생각하는 데 있어 핵심이라고 생각합니다. 한편, 이(夷), 즉 유목민들도 '중화'로부터 많은 자극을 받습니다. 그렇게 중화와 동시대를 병존하면서 '흉노'로서 대동단결해 세력을 키워 갔습니다.

덧붙여서, 진 · 한(秦 · 漢) 모두 중국을 처음으로 한 패키지로 통일한 정권이기 때문에, 그 명칭은 이후의 중국을 나타내는 대명사처럼 계속 사용되고 있습니다. 진(秦, QIN)은 'CHINA'의 어원이고, 우리에게도 익숙한 한자(漢子)는 한(漢)에서 유래됐습니다.

진시황의 죽음으로 진나라는 곧 붕괴하는데, 그 뒤에 탄생한 것이 한나라입니다. 한나라가 천하통일을 이룬 것은 기원전 200년경. 거의 진나라를 그대로 이어받은 정권이었기 때문에 도읍지도

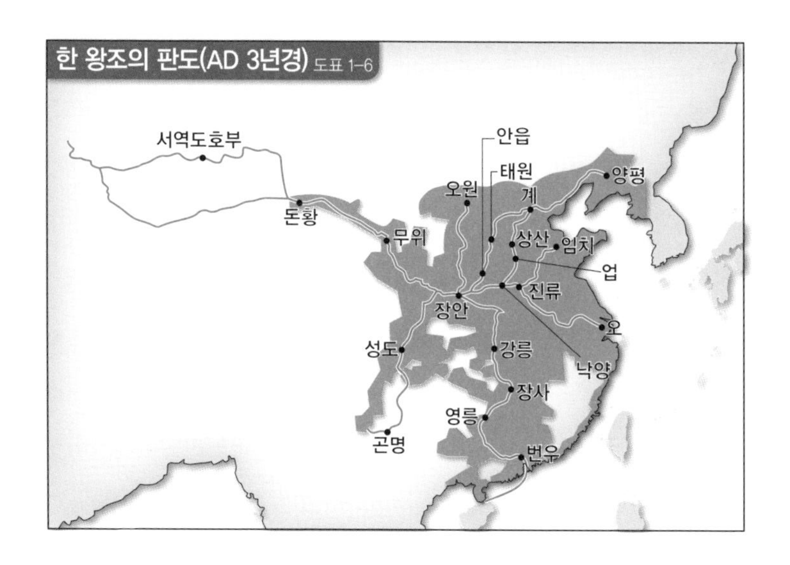

진나라를 답습해 장안에 두었습니다.

이 일대가 실크로드의 동쪽 끝이라는 사실은 앞서 말한 대로입니다. 〈도표 1-6〉은 그로부터 약 200년이 지난 서력(西曆) 3년 전한 말기의 지도인데, 황하 유역을 중심으로 발전하고 있는 것을 볼 수 있습니다.

한나라는 400년 정도 지속되었는데, 도읍지를 장안에 둔 것을 전한(前漢), 낙양으로 천도한 후반기 200년을 후한(後漢)이라고 합니다. 다만 이것은 일본의 중국 역사학자들이 만든 호칭이고, 중국에서는 서한(西漢)과 동한(東漢)이라고 부릅니다. 첫 번째 도읍지인 장안은 서쪽이니 서한, 낙양은 동쪽이니 동한이라 부르는 셈이지요. 대개 중국 왕조의 명칭은 수도의 위치에 따라 붙여지는 경우가 많아요. '북송', '남송'이 전형적이지요.

어쨌든 전한이 목표로 삼은 것은 서쪽 흉노의 위협을 제거하는 것이었습니다. 이미 진나라 이전부터 유목민들은 강력해지고 광대한 유목 국가를 이루면서 실크로드의 핵심을 이루는 중앙아시아, 이른바 '서역(西域)'을 지배했을 뿐 아니라 끊임없이 중원에 압력을 가하는 세력이 되어 있었습니다. 문자를 갖지 않은 탓에 흉노의 진의(眞意)는 기록으로 남아 있지 않지만, 중국을 실크로드의 연장선에 있는 곳으로 바라보면서 농경민의 물자를 획득할 기회를 항상 노리고 있었던 것 같습니다.

이에 대항해 중국 측은 흉노를 견제하고 물리쳤지만 사실 전한을 세운 유방(劉邦), 즉, 한 고조는 전쟁에서 패배해 화친조약을 맺게 됩니다. 흉노에게 매년 공물을 바치는 등 굴욕적인 내용이었습니다. 물론 이러한 상황을 해소하는 것이 전한 정권의 숙원이 되었습니다.

하지만 화친조약으로 인해 적어도 군사적 위협은 사라졌습니다. 그 살얼음판 속의 평화를 이용해 전한은 국내 재건에 주력합니다. 크게 세 개의 목표를 세웁니다. 경제를 발전시켜 부를 축적하고, 무력을 충실히 증강하고, 세력 확대를 꾀하자는 것이었습니다. 북방과 서쪽에 걸쳐 인접해 있는 강력한 흉노에게 대항하기 위해 국력을 키운 것입니다.

유라시아의 동서를 연결한 교역로 '실크로드'

이런 조건이 갖춰지면서 7대 황제인 무제(武帝) 때에 이르러 전한의 전성기를 맞이합니다. 무제는 그 힘을 등에 업고 흉노를 정벌하기로 결심했고, 큰 희생을 치르기는 했지만 결국 전쟁에서 승리했습니다. 이를 계기로 후한이 멸망하는 2세기까지 한나라는 동아시아의 맹주로 군림하게 됩니다.

한나라를 부흥시킨 경제 활동을 지탱해 준 것은 바로 실크로드입니다. 오리엔트에서는 도기나 유리 제품, 금속기 등의 사치품이 다량으로 유입되었을 것으로 추정됩니다. 반면 당시 중국에서는 대량의 금은이 산출되고 또 외부로 흘러나갔다고 합니다. 그런데 어느 시기부터 그 흐름이 줄어들면서 마침내 딱 멈춰 버립니다. 금은을 몽땅 캐 버린 것 같기도 한데, 이는 그만큼 외부로 대량 유출되었다는 얘기나 마찬가지입니다.

그래서 금이나 은 대신 중국에서 교환물자로 사용된 것이 비단이에요. 중국이 누에를 키우면서 발명한 것인데, 당시 세계에서는 중국에만 있던 특산품입니다. 후대에 비단은 공산품으로서 대량 생산되는데 당시만 해도 소량으로 생산되던 귀한 물품이었습니다. 그래서 오리엔트와 비교해 후진국이던 중국에서는 금은이나 귀금속을 대신할 수 있는 귀중한 사치품이었던 것입니다. 이 때문에 중국은 오리엔트 등에서 '세리카(Serica, 비단의 나라라는 뜻)'라고 불렸습니다. 유라시아의 동서로 연결되는 간선도로가 훗날 서양인들로부터 실크로드라고 불린 이유이기도 합니다.

이 명칭만 보면 자칫 중국이 당시 세계의 유통센터였던 것 같은 이미지를 갖기 쉽지만, 그렇지는 않습니다. 중국은 어디까지나 당시 동서를 잇는 유통로의 동쪽 끝이었고, 또 비단 외엔 교환가치가 있는 것이 거의 없었다고 생각하는 편이 좋겠습니다.

한 왕조의 발전 과정은 시기적으로 로마제국의 발전과도 일치합니다. 한 왕조를 다시 부흥시킨 후한 정권은 4대 황제인 화제(和帝, 이복형 대신 9세에 즉위했고, 커서 실권을 장악한 후 서역의 50여 개국을 복속했다) 때 전성기를 이루게 됩니다. 마침 같은 시기 로마제국에서 활약한 황제가 트라야누스(Marcus Ulpius Trajanus, 로마를 빛낸 최고의 황제 중 한 명으로 공공시설을 확충하고 사회 복지 정책을 실행했다) 입니다.

화제는 특별히 두드러진 업적이 있는 군주는 아닙니다. 하지만 화(和)라는 시호를 붙인 것은 의미가 있어요. 그만큼 평화를 구가하던 시절이었다는 이야기이지요. 한편, 트라야누스는 제국의 판도를 최대로 넓혀 '팍스 로마나(로마의 평화)'의 전성기를 이룬 황제로 이른바 '오현제(五賢帝)' 중에서도 가장 유능했다고 알려져 있습니다.

어쨌든 동 · 서에서 같은 시기에 평화가 찾아왔다는 것은 결코 우연이 아닙니다. 그것은 동서양의 '고대 문명'이 교역을 통해 영향을 주고받으면서 발전해 각각 일정한 도달점에 이르렀음을 보여 주는 상징이라고 생각합니다.

2장

3세기 한랭화와 민족 대이동

A BRIEF HISTORY OF CHINA

3세기 기후 변화로 유라시아 민족의 대이동 시작

1장에서 살펴본 바와 같이 유라시아의 역사는 건조 지역과 습윤 지역이라는 이원화 세계가 가져온 다이너미즘(dynamism, 역동성), 특히 두 경계 지대의 교류를 기초로 차곡차곡 쌓아 온 과정이었습니다.

오리엔트, 인도, 동아시아 각각의 경계 지대가 서로 완만하게 연결되어 문명을 만들어 냈고, 우여곡절을 겪으면서 2세기 말에는 평화의 시기를 맞이하는 궤도에 들어섰습니다. 그런데 3세기부터 거대한 전환이 일어나기 시작합니다. 기후 변화로 한랭화에 돌입했기 때문입니다.

〈도표 2-1〉은 북반구의 기온편차를 나타낸 그래프입니다. 이를 보면 대략 3세기경부터 기후는 한랭화 국면이 현저해지다가, 그 바

북반구의 기온 변동 도표 2-1

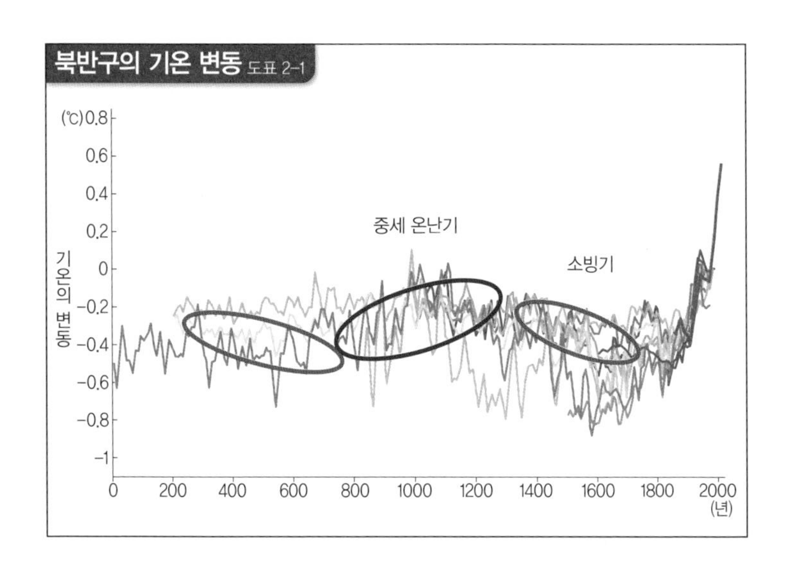

닥을 찍은 후 9~10세기경부터 온난화로 돌아서는 것을 알 수 있습니다. 반대로 말하면 3세기까지의 지구는 비교적 따뜻했던 것이지요. 그런 조건 속에서 첫 장에서 언급한 유라시아의 역사가 펼쳐졌습니다.

그런데 한랭화로 접어든다는 것은 삶의 조건이 바뀌는 것을 의미합니다. 생태 환경도 바뀌고 이를 바탕으로 했던 모든 생활도 변경이 불가피해집니다. 요컨대 기존의 방식으로는 살아갈 수 없다는 겁니다. 구체적으로는 우선 인간이 추위를 느끼게 되고 식물의 생육도 나빠집니다.

원래 생육되고 있는 여러 가지 식물들이 풍부한 곳이라면 환경이 약간 나빠지더라도 그 영향은 작을 수 있습니다. 하지만 식물이 풍부하지 않은 곳의 환경이 더 나빠지게 된다면 그곳의 식물에 의지하던 동물들은 그야말로 생존의 위기에 빠지게 됩니다.

즉, 따뜻한 곳이 추워지는 것보다, 추운 곳이 더 추워지는 것이 훨씬 영향을 크게 받는다는 이야기입니다. 다시 말해 그것은 한랭화로 인해 남부 농경 지역보다 북부의 유목 지역에 더 큰 피해가 가는 것을 의미합니다. 예를 들어, 초원이라면 풀이 나지 않게 되면서 확연하게 초원의 면적이 축소되겠지요.

그래서 유목민들은 살기 위해 초원을 찾아 남쪽으로 이동을 시작합니다. 이것이 4~5세기에 유럽을 중심으로 각지에서 대혼란을 일으킨 이른바 '민족 대이동'의 계기가 된 것이지요.

한랭화는 북반구의 유라시아 전체를 뒤덮은 현상입니다. 따라서 비록 시차가 있기는 하지만, 유목민의 남하는 각지에서 공통적으로 나타나는 패턴입니다. 예를 들어, 카스피해 북쪽 부근의 대초원을 거점으로 활동하던 훈족이라는 유목민이 서쪽과 남쪽으로 대이동 한 것도 이런 패턴과 궤를 함께 합니다.

그런 그들과 정면으로 마주친 사람들이 수렵채집 생활을 하던 게르만족입니다. 훈족의 습격을 받은 이들은 연쇄적으로 이동해 로마제국의 경계였던 도나우강과 라인강을 넘어갑니다. 게다가 그 과정에서 집단으로 난민화되었습니다. 원래 게르만인은 평화롭게 로마와 교류하면서 로마 군대에도 용병으로 채용되어 있었습니다.

하지만 난민이 된 그들은 그 힘을 바탕으로 스스로 군사 조직을 만들고, 이윽고 정권을 세우고 유럽과 북아프리카에서 각자 나라를

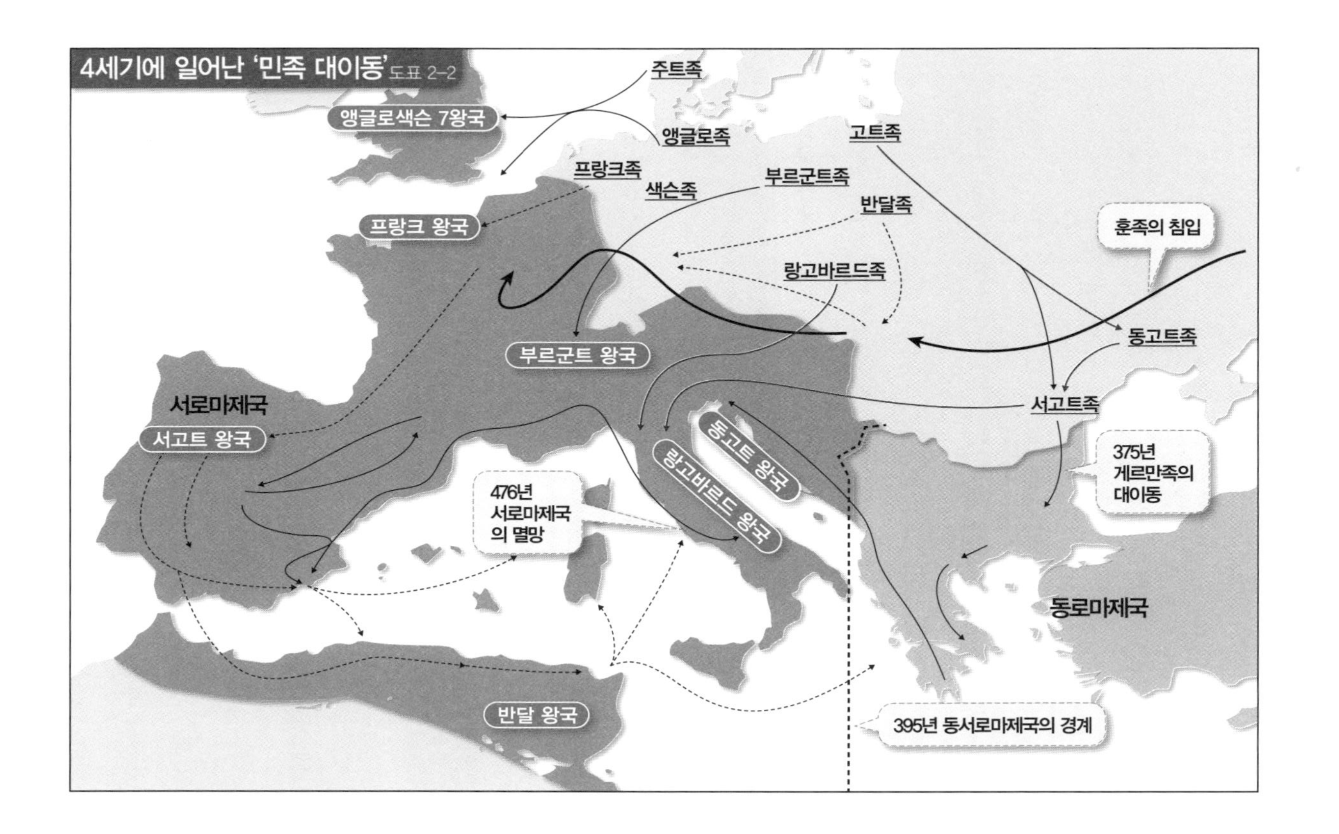
4세기에 일어난 '민족 대이동' 도표 2-2
주트족
앵글로색슨 7왕국
앵글로족
고트족
프랑크족
색슨족
부르군트족
반달족
프랑크 왕국
훈족의 침입
랑고바르드족
동고트족
부르군트 왕국
서로마제국
서고트족
서고트 왕국
동고트 왕국
375년 게르만족의 대이동
476년 서로마제국의 멸망
랑고바르드 왕국
동로마제국
반달 왕국
395년 동서로마제국의 경계

건국합니다. 그 나라들은 모두 단명했지만, 그 혼란 속에 서로마제국도 멸망에 이르게 되었습니다. 〈도표 2-2〉에 나타낸 대로입니다.

유목민과 농경민을 덮친 한랭화의 충격파

이상의 과정은 서양사에서 잘 알려져 있습니다. 그렇다면 같은 시대의 동아시아는 어땠을까요? 이번에는 그것을 전체적으로 한번 살펴보도록 하겠습니다.

건조 지역의 유목민인 흉노는 한때 일대 제국을 이루고 한(漢) 왕조와 대치하다가 뿔뿔이 흩어집니다. 그중 일부는 중국의 중심 지역인 중원으로 이주했습니다. 아마 이것은 한랭화의 영향 때문인지도 모릅니다. 흉노뿐만 아니라 다른 티베트계 세력들도 생존을 위해 비슷한 움직임을 보여 주기 때문입니다.

앞서 말한 바와 같이 중국 내부는 도시 국가 형태로 이루어져 있었습니다. 사람들은 성벽의 안쪽에 살고 그 바깥으로 펼쳐진 경작지에서 일하는 거주 형태였습니다. 그런데 도시와 도시 사이는 생각과 달리 큰 차이가 있었습니다. 대규모의 땅이 펼쳐져 있었는데, 그 모두가 경작지였던 것도 아닙니다. 흉노 등의 유목민은 그런 공백지에 텐트 등을 치고 생활하고 있었던 것입니다.

'화이잡거(華夷雜居)' 또는 '호한잡거(胡漢雜居)'라고 해야 할까요?

한 왕조의 평화로웠던 시대부터 여러 문헌에서 이런 표기가 조금씩 나타나고 있습니다. 즉, 중국 내부로 다른 종족이나 집단이 조금씩 끼어들고 있었다는 것인데, 로마제국 내에 많은 게르만인이 침투해 있었던 것과 같다고 생각하면 됩니다.

한 왕조 내부에서 그들을 방치하는 것이 위험하다는 논의는 당시부터 있었던 것 같아요. 그러나 타개책이 있었던 것은 아닙니다. 결국 그냥 방치되다 통일 왕조 정권을 파멸로 이끌게 되는 것이지요. 이것도 로마와 마찬가지입니다.

이 같은 역사의 진행 과정이 동서의 대륙에서 함께 이루어진 것이 결코 우연은 아닐 것입니다. 실크로드로 연결된 양측은 한랭화라는 충격으로 동시에 생존의 위기에 처해 있었던 것이지요. 결국 날씨의 한랭화라는 같은 원인으로 동서의 대륙에서 비슷한 형태로 역사가 전개된 것도 이해가 됩니다.

한랭화는 유목민뿐만 아니라 농경민에게도 악영향을 미칩니다. 농작물의 생산량이 저하되어 많은 사람을 부양할 수 없게 되기 때문이지요. 따라서 그동안 이미 포화 상태였던 인구는 자연스럽게 도태될 수밖에 없었습니다.

당시에는 전쟁이 인구를 줄이는 한 요인이 되었는데, 그것보다 기후나 경제의 영향으로 줄어든 인구수가 훨씬 많았다고 생각합니다. 참고로 당시 정부 통계에 따르면 인구가 10분의 1 수준으로 급격하게 줄었다는 기록도 있습니다. 하지만 이는 너무나 줄어든 것이어서 액면 그대로 받아들이기는 어렵고, 아마도 정부가 그만큼

이나 인구를 제대로 파악하기 어려운 상황이 되었다는 것이겠지요.

사실 한나라 때의 인구는 한 자리까지 파악되어 있었습니다. 당시의 통계에 5,959만 4,978명이라는 숫자가 기록되어 있을 정도로 매우 세밀했는데, 한랭화 후에는 그런 행정 시스템을 유지할 수 없게 되었던 것이라 생각합니다.

어쨌든 그런 위기 상황 속에서 사회를 어떻게 재정립할지, 또 그에 따라 정치체제를 어떻게 개선할지가 큰 과제가 되고 있었습니다. 그래서 해결책도 동서가 비슷했던 것 같습니다. 살아남은 자들이 좁은 블록에 모여 똘똘 뭉치고 재개발로 생산성이 저하되는 것을 최대한 막는 것입니다.

그러기 위해서는 인간의 노동력을 최대한 끌어낼 필요가 있으므로 사람들이 제멋대로 하도록 자율에만 맡겨 둘 수 없습니다. 또, 다른 한편으로는 살아갈 수만 있다면 어떤 조건에서도 일하겠다고 나서는 사람들도 많아집니다. 그에 따라 강제 노역이 늘어나고, 경우에 따라서는 무기를 들이대고 일을 시키는 것이지요. 이것도 동서가 동일합니다.

물론 동서의 문화가 다르기 때문에 구체적인 제도는 각각 다르지만요. 또한 그것이 동서를 나누는 역사의 개성을 만들어 온 것이지만, 크게 보면 추구한 방향이 놀랍도록 거의 같습니다. 인류사 면에서 같은 과제에 직면해 같은 대책을 세우고 있었던 것이라고 볼 수 있지요.

성벽도시 '읍'과 구분된 새 개간지 '촌'의 출현

동서양 모두 사람들은 지리적으로 통합되어 집단을 이루고 도시를 형성했습니다. 중국의 경우에는 실크로드를 따라 중원과 화북에 '만국(萬國)'이라고 불리는 여러 개의 도시가 생겨났는데요. 이것이 황하문명의 밑거름이 되었고, 이후 만국이 중국사의 출발점이 되었다는 것은 이미 언급한 바와 같습니다. 그런데 이 한랭화 시기에 이러한 취락 형태에 커다란 변화가 있었습니다. 바로 촌락의 출현입니다.

1장에서 살펴본 것처럼 중국의 초기 도시는 읍제국가였고, 성벽 안에 사는 생활 형태가 이른바 중화 문명의 자랑이었습니다. 성벽으로 둘러싸인 읍에만 취락 형태가 있었기 때문에 '邑'이라는 문자는 취락 그 자체를 뜻했습니다.

그러나 한랭화 이후에는 그런 도시일수록 무장한 난민이 몰려드는 대상이 되어 치안이 불안정해지고 악화하게 됩니다. 원래 도시에는 시장이 있고 부(富), 즉 돈이 집중되어 있기 때문에 표적이 되기 쉽습니다. 그것을 성벽으로 지킬 수 있으면 좋겠지만 뚫리면 도망갈 곳이 없어 끝장이기 때문에 오히려 더 큰 위험을 초래하기도 했습니다. 위험을 피하기 위해서는 차라리 성벽 밖에서 사는 쪽이 나았습니다. 그래서 이 시기부터 허허벌판에 소규모 마을이 자리 잡게 되었습니다. 이 형태는 '촌(邨)'이라고 불리는데요.

'촌(邨)'의 왼쪽 변의 둔(屯) 자는 '사람이 많이 모이다'라는 의미인데, 주둔이라는 말에서 알 수 있듯이 삼삼오오 일시적으로 자리를 잡는다는 뜻입니다. 오른쪽의 읍[(邑, 부수 부(阝)와 동일)]은 취락의 뜻이니 그 두 글자로 만들어진 글자입니다. 즉, 소규모의 임시 취락이라는 것이지요. 그런 글씨가 새로 생겼다는 것은 다시 말하면 '촌(邨)'이라는 개념이 그때까지 중국에 존재하지 않았다는 뜻이겠지요.

비슷한 취락의 형태가 있었을지는 모르지만, 그것은 중화 문명이 아닌 야만적인 종족들의 생활 방식이기 때문에 이때까지는 일반적으로 인정받지 못했습니다. 그러나 환경의 변화에 따라 이제는 그것을 무시할 수 없게 되었습니다.

그러니까 촌(邨)은 새로운 개간지였습니다. 새로운 개발 대상지였기 때문에 그곳으로 도망쳐 온 유민과 이민자들을 수용하고 함께 생활하면서 일하게 되었습니다. 당시는 치안이 악화하고, 전란과 난민의 시대였기 때문에 그런 사람들이 적지 않았지요. 촌(邨)이라고 해도 이른바 장원과 같은 형태를 띠고 있었습니다.

이를 가장 대대적인 정부 사업으로 추진한 인물이 《삼국지(三國志)》의 주인공 중 한 사람인 조조(曹操)입니다. 조조는 후한 멸망 후 건국한 위나라의 기초를 세운 영웅으로서 대정치가였는데, 그가 시작한 중요한 토지제도 중에 둔전제(屯田制, 국가가 군량이나 재원을 확보하기 위해서 관유지나 변방의 영토에 집단적으로 경작자를 투입해서 농사를 짓게 하는 토지제도)가 있습니다. 둔전제는 지금 우리가 글자를 보고 떠올리듯이 군사들에게 접경 지역의 땅을 개간해 경작하도록 한 제도인데, 그 방법 자체는 조조가 원조는 아니고 이미 도처에서 시행되고 있었던 것으로 보입니다. 조조는 정부 차원에서 이를 대대적으로 시행해 국방력을 강화하는 데 활용한 것이지요.

당시의 군인은 밥줄이 끊기고 빈털터리가 된 사람들이 흘러 흘러 마지막에 겨우 다다르게 되는 직업이었습니다. 반대로 말하면 군인 대부분이 불과 얼마 전까지 일반 시민이었으며, 끊임없는 전란으로 인해 일반 시민들이 식량 조달에 큰 압박을 받고 있었다는 것이겠지요. 이런 배경 아래 강제 노동의 형태가 생겨났습니다. 둔전제의 시행으로 새로운 지역의 재개발과 경작이 늘어났기 때문에 모두가 간신히 연명할 수 있는 구조가 갖추어졌습니다. 결국 이것은 당나라 때의 균전제(均田制, 국가에서 토지를 관리한 것으로 개인이 과다한 토지를 소유할 수 없게 하고, 토지의 분배와 회수로 농민을 지배하며 세수의 안정을 꾀한 제도로 북위의 효문제가 시작했다)로 이어지게 됩니다.

동서의 중국과 로마는 나란히 문명국으로 발전

한편, 서양 역사에서도 로마제국 말기부터 농사를 짓는 계층이 바뀝니다. 그전까지는 '라티푼디움(latifundium, 광대한 국유지)'이라고 불리는, 노예제를 통한 대규모의 농업 경영이 존재했습니다. 그러나 전쟁 포로로부터 공급받아 왔던 노예가 평화로운 시대가 도래함에 따라 그 수가 급감하게 되었습니다.

그와 동시에 일반 시민들 사이에 빈부격차 또한 확대되고 있었습니다. 땅을 소유한 귀족이나 유력자는 노예 대신 몰락한 농민을 수용해 소작인으로 고용하게 됩니다.

이들을 '콜로누스(colonus, 소작인)'라고 하며, 이 방식을 '콜로나투스(colonatus, 콜로누스를 이용해 농장을 경영하는 제도)라고 합니다. 그들은 로마 시민권을 갖고 있고 재산 소유도 허용되었지만, 땅에 얽매여 있었다는 점에서는 종전의 노예와 다를 바 없습니다. 중세 유럽의 농노제는 이로부터 시작되었습니다.

이렇게 보면 역시 동서의 농경 세계에서는 같은 시기, 비슷한 사회경제의 분위기가 형성되어 있었음을 알 수 있습니다. 동쪽과 서쪽은 지금 우리가 알고 있는 것보다 훨씬 더 잘 연결되어 있었다고 봐야겠지요. 중국의 경우에는 취락 형태도 변화하고 정치체제와 사회 구성 방식도 바뀌었습니다.

원래 읍제국가(도시)는 정치의 중심이자 경제-사회의 중심이었고, 군사력도 갖추고 있었습니다. 기능이 집중된 일원적 국가로서 모든 것이 갖춰져 있었던 것입니다.

하지만 성 밖 곳곳에 촌이 만들어진다는 것은 생산 활동과 경제 활동도 성 밖에서 이루어진다는 것을 의미하지요. 그렇다고는 해도 그곳은 개발 중심이었고, 생산량이 저하되고 있던 시기였기 때문에 자급자족하기에만도 벅찬 상황이었습니다. 그래서 상업은 쇠퇴해 갈 수밖에 없었습니다.

금은이 시장에서 감소하는 것도 이 시기부터입니다. 정말 사라져 버렸는지 아닌지는 확실치 않습니다. 다만 당시의 문헌에서 금은화폐에 관한 기술이 보이지 않게 된 것은 사실입니다. 금은으로 이루어지는 거래보다 물건을 만들어 쓰는 것에만 중점을 두었던 것은 틀림없습니다. 워낙 불경기인 시기라서 시장을 통한 매매가 줄어든 탓이겠지요.

반면 성벽 안 도시에는 정부와 군대만 남았습니다. 이 시기부터 정치와 경제가 분리되면서 각기 다른 영역에서 지배력을 강화하게 됩니다. 군사력이 뛰어난 유목민들이 침입해 농경민 위에 군림하는 정치 형태도 자주 나타나게 됩니다.

지역적으로 분립해 각자 개발을 추진하는 것이 사회-경제적인 요청이었지만, 이와 별개로 난민으로 유입된 여러 종족 간에 대립이 일어나면서 무장을 하게 되는 불가피한 상황도 병존했습니다. 말하자면 정치-군사적 세력 블록도 존재했던 것입니다. 그런 복잡한 세력들 간의 이해를 어떻게 조정해 나갈 것인지를 두고 시행착오가 반복되었습니다.

'5호 16국'의 소국 난립에서 북조 시대로 통일

이렇게 작은 정치 블록에서, 더욱더 경제에 집중하는 형태가 생겨납니다. 그것은 지역의 분열을 강화하는 결과를 초래했습니다. 4~5세기의 '5호 16국' 시대인데, 〈도표 2-3〉처럼 작은 나라들이 분립했지요.

'5호'란 중원에 거주하던 한인(漢人) 이외의 다섯 개의 호족(胡族)으로 흉노(匈奴), 강(羌), 저(羯), 선비(鮮卑), 갈(羯) 등을 가리킵니다. 한인과 다른 종족이라고 하면 본래 '이(夷)'를 쓰는 경우가 많은데, 이 시대에 가장 널리 쓰인 것은 '호(胡)'입니다. 그 호족들이 만든

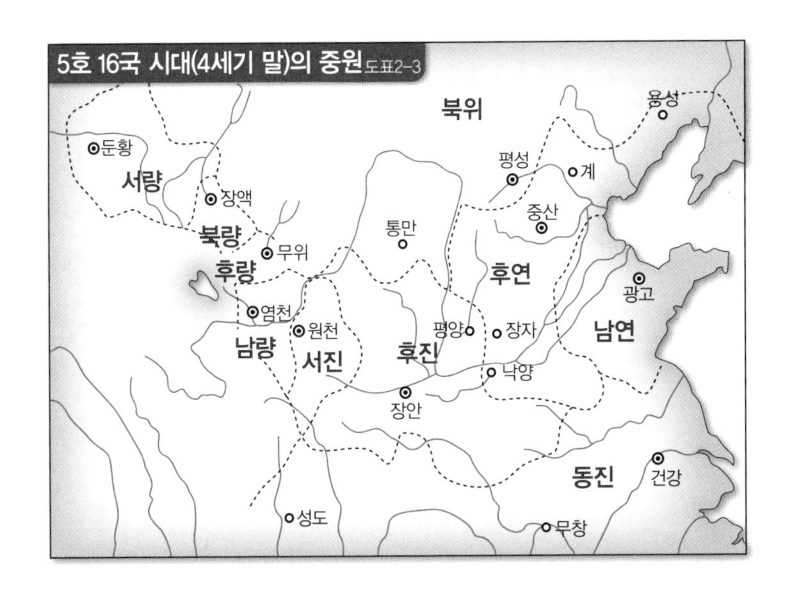

5호 16국 시대(4세기 말)의 중원 도표2-3

나라가 모두 16개국이었기 때문에 '5호 16국'이라고 불리는 것이지요.

이 상태에서 5세기에서 6세기에 걸쳐 남북조(南北朝) 시대로 진입합니다. 우선 화북과 중원은 최종적으로 북위에 의해 하나로 묶입니다. 그들이 세운 것이 북조(北朝) 입니다. 〈도표 2-3〉에서도 알 수 있듯이 북위는 만리장성 밖으로도 걸쳐 그 북쪽에도 존재하고 있었습니다. 수도는 '평성(平城)'으로 지금의 다퉁(大同)입니다. 본래 5호 중 하나인 선비족의 국가였는데, 다른 호족들을 제압하고 남쪽으로 내려와 중원을 하나로 묶었습니다.

북위보다 남쪽에 있던 흉노 등 다른 호족은 일찍부터 중원과 접촉이 있어 문명도가 비교적 높았습니다. 말하자면 그만큼 '이적도(夷狄度)'가 낮았기 때문에 군사력은 약해져 있었습니다.

반면 선비의 북위(北魏)는 여전히 기마군을 얼마든지 보급할 수 있었기 때문에 군사력이 압도적으로 강했습니다. 결국 5호 중에 끝까지 남은 게 선비였어요.

그런데 선비의 북위가 남하한 것 역시 이보다 북쪽에 있던 유연(柔然)이나 돌궐(突厥) 같은 강력한 이민족들로부터 압박을 받고 있었기 때문입니다. 같은 일이 반복되는 일종의 연쇄반응이 일어났던 것이지요. 이렇게 해서 5호는 선비의 북위에 의해 정리되고 중원까지 하나로 묶인 것입니다. 이후의 화북과 중원을 지배한 왕조를 북조라고 합니다.

다만 그런 정치·군사적 세력은 경제적 통일성을 유지하는 데 있

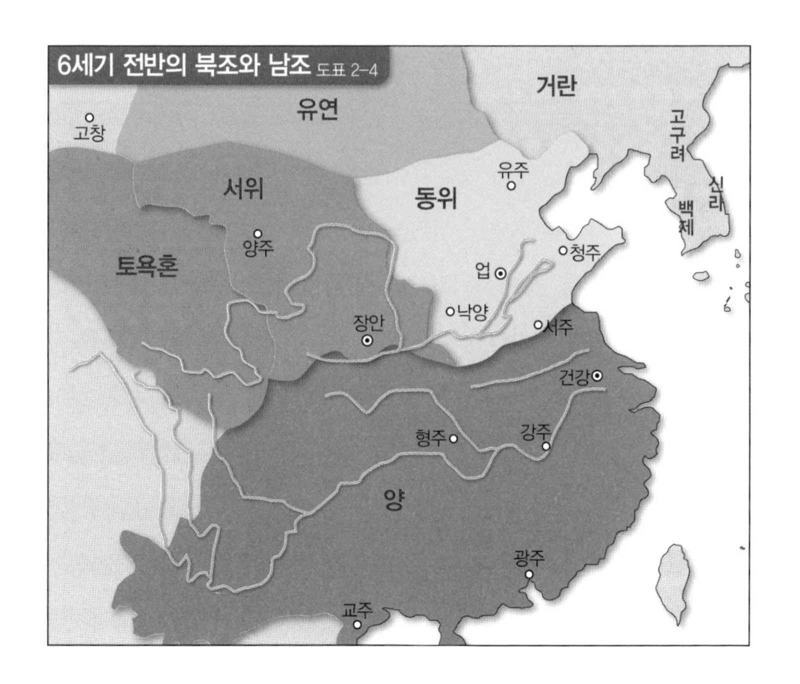

어서는 그다지 능숙하지 못했습니다. 경제 활동의 중요성을 감안해 지역 블록별로 나누어 개발한다는 사회적 요청에 부응하지 못한 것입니다. 그래서 북위는 동위와 서위라는 두 나라로 분열됩니다〈도표 2-4〉.

북위가 동위와 서위로 나뉘기 150년 전 '5호 16국' 시절의 중원에는 황하 상류 영역을 차지한 후진(後秦)과 황하 하류 영역을 지배한 후연(後燕)이라는 나라가 있었는데(〈도표 2-3〉), 북위로 통일된 후 재차 비슷한 길을 가게 된 것이에요. 이 시대 지역 블록의 특성을 보여 주는 사례로 볼 수 있습니다.

장강 유역을 지배한 4개 왕조를 남조로 총칭

한편 북조와 대치한 남조(南朝)의 성장 과정은 조금 더 복잡합니다. 장강 유역의 강남에는 동진(東晋)이 있었는데, 동진은 원래 진(晉) 왕조였으며, 한나라 말기 조조가 일으킨 위나라를 이어 사마(司馬) 씨가 수립한 정권입니다.

주지하다시피 진나라는 삼국지의 위(魏) · 촉(蜀) · 오(吳) 삼국을 통일했지만, 그 직후부터 내란과 호족의 습격으로 해체되었습니다. 이후 진 왕실과 주변 유력자들이 중원을 포기하고 남쪽으로 피신해 세운 것이 동진입니다.

이곳은 삼국시대 때 오나라가 있었던 곳으로 이들은 오의 옛 영토를 기반으로 왕조를 세우게 됩니다. 동진은 백 년 정도 지속된 후 송(宋)으로 대체되었고 다시 제(齊), 양(梁), 진(陳)으로 교체됩니다. 이 네 왕조를 총칭해서 남조라고 부르는 것입니다. 어느 왕조든 장강 유역 개발에 힘썼지만 중심지는 크게 두 곳이었습니다.

하나는 삼국시대 오나라 때부터의 본거지인 건강(建康), 오늘날의 난징(南京)입니다. 이곳은 장강의 하류 지역이지만, 천목산계(天目山系)라고 하는 작은 산맥의 기슭으로, 비교적 고지에 있는 선상지(扇狀地, 경사진 산지의 좁은 골짜기를 흐르던 하천이 완만한 평지와 만나는 곳에 토사를 쌓아서 생긴 부채꼴 모양의 땅) 같은 지형입니다. 다른 한 곳은 장강의 중류 영역에 있는 강릉(江陵)인데, 이쪽도 마찬가지로 고지입니다.

바로 이때부터 강남 개발이 시작되었습니다. 장강 하구에 펼쳐진 삼각주(델타)의 저습지를 경작지나 주거지로 삼는 것은 이전 기술로는 불가능했던 것이지요. 이에 따라 건강과 강릉에서는 경쟁적으로 개발이 진행되었고 매우 풍요로운 땅이 되었습니다. 습윤 지역인 데다 물도 풍부하고, 북쪽에서 가져온 기술도 있고, 강제노동의 시스템도 갖추어져 있었기 때문이지요.

장강 하류 지역의 개발 진전과 함께 문화도 발달합니다. 이것이 6세기 전반 양나라 시기에 정점에 이르렀습니다. 특히 남북조를 통틀어 명군으로 꼽히는 무제(武帝, 양나라의 초대 황제로 내정을 정비하고 백성들에게 선정을 베풀어 남조의 최전성기를 이끌었고 백제에 불교를 전파했다)의 치세 때는 불교가 전파되었는데, 당나라 시인 두목(杜牧)이 '강남의 봄'에서 '남조 사백팔십사(南朝四百八十寺, 남조 때의 사찰이 480개)'라고 칭송한 것도 바로 이 시기의 이야기입니다. 양 왕조도 말기에는 흐트러져서 건강을 진 왕조에 넘겨주고 강릉의 지방정권으로 전락합니다.

3~6세기 한랭화 시대를 헤쳐 나간 남북조의 혼란

즉, 남북조 시대에는 크게 보면 남북으로 각각 지역 블록이 만들어졌는데, 그중에서도 북쪽은 동서로, 남쪽은 장강 하류와 중류로 나뉘었습니다.

자세히 보면 그 안에도 다수의 블록이 존재했다고 생각합니다. 다른 호칭이 없어 '남북조 시대'라고 부르지만, 실상은 '5호 16국' 때와 마찬가지로 소규모 세력이 분립하고 있었습니다. 그 블록이 각기 개발을 추진하면서 한랭화 시대를 헤쳐 나간 것입니다.

이상의 흐름을 보면 3세기에서 6세기에 걸쳐 사건들이 빠르게 일어나 복잡한 역사적 경과를 거친 듯하지만, 실상 저류에 흐르는 기조 자체는 그다지 변하지 않았음을 알 수 있습니다. 역사 구분으로는 사분오열의 5호 16국 시대에서 남북조 시대로 넘어가면서 크게 두 나라로 정리된 것 같지만, 작은 세력들이 분립한 채 세부적인 지역 블록으로 나뉘었다는 점에서는 같습니다.

일반적으로 고대 중국사라고 하면 한(漢)제국이 세 갈래로 나뉘어 '삼국지'의 시대로 돌입하고, 북쪽에서 5호가 들어와 뿔뿔이 흩어진 후 남북조에 수렴된 후에 수(隋)에 의해 통일된다고 볼 수 있습니다.

하지만 실제는 어땠을까요? 원래 한나라의 지배 아래 있던 지역은 이미 〈도표 1-6〉에서도 살펴본 것처럼 대략 중원을 넓게 둘러싼 범위일 뿐입니다. 이후 위나라 조조가 그 지역을 대부분 통일했기 때문에 일단 한(漢) 왕조의 영역은 거의 그대로 상속된 셈이지요. 그런데 호(胡)족이 유입된 북방과 새롭게 개발된 남방까지 합쳐서 하나의 지배 아래 둘 수는 없었습니다.

즉, 남북은 원래 별개로 분립된 존재였다고 생각하는 편이 좋습니다. 대체로 하나로 뭉쳐진 세 나라가 곧 분열되었다고 보는 것은 그 해석 자체에 무리가 있다는 뜻입니다. 반대로 말하면 중국은 지역 블록이 명확하게 나뉘어 있었기 때문에 각지마다 특징이 있는 다원적인 세계가 된 것입니다. 그리고 이해 조정의 어려움 때문에 각지에서 전투가 빈발했습니다. 당연한 귀결이었다고 생각합니다.

왕조의 통치행위를 실행하는 귀족계급의 탄생

남북조 시대에는 다원적이면서도 동시에 서로의 공통분모 같은 것도 생겨났습니다. 당시의 큰 특징입니다.

예를 들면, 취락 형태라든가 지역 단위로 강제노역이 이루어졌다는 점입니다. 이를 원활하게 진행하기 위해서는 커뮤니티가 매우 중요한 역할을 합니다. 그것이 생활 · 경제 · 사회를 지탱하는 것이기 때문에 커뮤니티의 대표성을 지닌 사람들이 힘을 갖게 됩니다.

이들이 능력을 인정받으면 우수한 엘리트로서 조정에 등용되었습니다. 이것을 학계에서는 '귀족(貴族)'이라고 부르는데요. 이들이 조정과 궁궐 중심으로 돌아가는 왕조와 정부 통치행위에 적극적으로 관여하게 됩니다.

전란이 빈발했던 중국의 귀족은 교체가 심했던 것 같습니다. 그런 와중에도 영속적인 명문가 문벌이 존재했는데, 이들은 때로 황제를 능가할 정도로 높은 권력과 권위를 누렸습니다.

귀족의 조건으로서 기본적으로 중요한 것이 세력 기반이 되는 본거지에서의 활동입니다. 예를 들어, 자선 행위 등을 통해 지역 커뮤니티에서 추앙받을 수 있는 명망을 높이는 것이 필요했습니다. 더불어 자손 대대로 중앙정부에서 공적을 쌓는 것도 명문가로 입지를 굳혀 가는 패턴이었습니다.

바꿔 말하면 귀족과 서민 간에는 큰 신분 격차가 생겨났지만, 그 신분 질서는 커뮤니티에 의해 지지받고 유지되는 것이기도 했습니다. 그리고 그 과정이 원활하게 진행된 커뮤니티와 귀족들은 점차 큰 세력을 갖게 되었습니다. 세부적인 차이가 있긴 했지만, 이는 북방에서나 남방에서나 공통으로 발견되는 점입니다.

북방의 귀족 중에는 호족도 있었습니다. 이들은 한인이 발달시킨 정치나 사회 체제를 동경해 이를 열심히 흉내 내려고 했지요. 세계사 교과서에 등장하는 북위의 효문제(孝文帝, 북위의 제7대 황제로 유목민 중심의 국가 체제에서 보편적인 국가 체제를 확립했고 최전성기를 이끌었다)의 개혁(도성을 낙양으로 옮기고 선비족의 성을 한족의 성으로, 언어도 한족의 언어로 통일하는 등 모든 것을 한족으로 통일한 한화정책) 등을 전형적인 사례로 꼽을 수 있습니다.

또는 그러한 기초적인 커뮤니티가 형성되면서 균전제라는 제도가 탄생한 것도 공통점입니다. 정부가 이른바 지역 커뮤니티를 활용해 사람들에게 강제로 노동과 군 복무를 시키고 거기서 나오는 수익을 군수(軍需)에 사용하는 것입니다.

이것은 원래 북위에서 만든 제도로 앞서 말한 조조의 둔전제를 이어받았는데요. 남조도 비록 호족은 적었습니다만 군대가 정치적인 힘을 갖고 귀족을 도와 하층민을 강제 노동에 동원하는 정치 형태와 사회제도를 공통으로 갖고 있었습니다.

소규모 세력이 대립과 항쟁으로 중원의 통일을 지향

그렇게 공통점이 많아지면 대화나 교섭도 쉬워집니다. 뿔뿔이 흩어진 채로는 대립과 항쟁이 많아 비용이 늘어날 뿐이죠. 그래서 정치 체제를 안정시키는 것이 최우선 과제입니다. 그런 다음 목표는 복수의 정치 세력과 지역 블록을 하나로 묶어 통일을 완수하는 것입니다.

그것을 달성하는 가장 빠른 수단은 군사적으로 강해지는 것이지요. 그 첫 주자가 북위(北魏)에서 분립한 서위(西魏), 훗날의 북주(北周)입니다. 북주 정권은 역사적으로 잘 알려지지 않았지만, 북주의 대두는 이후 중국사에 큰 영향을 끼쳤습니다.

일단 그 본거지를 주목해 보지요. 기원 전후 무렵까지 중국에서 가장 풍요로웠던 곳은 섬서성(陝西省)의 장안(長安) 일대였습니다. 사마천의 《사기》에도 그런 내용이 있습니다. 왜냐하면 이곳은 산간의 고지인 데다 물이 풍부했기 때문이지요.

아마도 시대를 거슬러 올라갈수록 가장 효율적인 농업 방식은 마른 땅에 물을 대는 방식이었다고 생각합니다. 습기가 많은 장소는 생산성이 확보되더라도 생활하기가 어렵지요. 이것은 모든 인류의 공통적인 고민이었다고 생각하는데, 그것을 해결할 수 있는 곳이 이런 장소였습니다. 사실 고대 문명이 번성한 곳도 농경이 가능한 건조 지역이었지요. 그만큼 생산성이 높아서 많은 인구를 감당할 수 있었다는 뜻이기도 합니다.

그런데 요즘도 자주 화제가 되고 있습니다만, 수자원은 매우 귀중합니다. 너무 많이 쓰면 고갈되기 때문에 치수는 언제나 통치의 최우선 과제이기도 합니다. 물론 당시에도 이 문제는 마찬가지였어요. 일찍이 물이 풍부했던 지역도 점차 건조해지기 시작합니다. 장안도 예외는 아니었던 것이지요.

《삼국지》 시대에 이르러서는 장안 주변의 경제적, 정치적 위상이 크게 낮아진 것 같습니다. 그래서 《삼국지연의》에서도 이 주변은 별로 중요한 무대가 되지 않았습니다. 제갈량이 장안을 점령하려고 촉에서 산을 넘어 여러 차례 북벌을 시도했지만, 설사 점령했더라도 얻을 것이 많지는 않았을 거라 생각합니다.

그건 그렇다 치고, 장안 일대를 대신해 중원에서 개발이 진행된 곳은 물이 풍부한 대하(大河) 주변의 평원입니다. 그런 곳은 산물이 풍부하고 경제적으로도 번성하면서 인구 또한 증가하게 됩니다.

서위와 마찬가지로 북위에서 갈라져 나온 동위(東魏), 나중의 북제(北齊)가 지배했던 지역이 바로 그런 곳인데요. 그래서 원래 압도적으로 유력했던 곳은 동쪽의 북제였고, 이를 건국한 고환(高歡, 북제의 고조)이 당대의 주인공이었습니다. 북위와 북조를 제대로 계승한 것은 오히려 북제였다고 볼 수 있겠습니다.

남북조의 한랭화 시기를 거치면서 수나라로 통일

그런가 하면 고환과는 다르게 행동한 그룹도 있었지요. 그들은 산속에서 농성하면서 동료들과 겨우 독립을 유지했는데 그 무대가 서위입니다. 산간 지역이기 때문에 농성에는 편리했습니다만, 극히 가난한 지역이기도 했습니다. 처음에 서위는 그런 정도의 존재였지요.

그런데 그 서위(북주)에 점차 힘이 실리기 시작합니다. 여기에는 몇 가지 요인이 있습니다.

제도를 정비하고 기존과 다른 새로운 구상으로 판도를 확대한 것이 그중 하나입니다. 아직 미개척 토지이다 보니 개발의 여지가 많기도 했는데, 이 무렵 균전제도 갖춰지기 시작합니다. 가난했기 때문에 뭉치기 쉬웠던 면도 있었을 거예요. 힘을 모으기 위해 호족과 한인이 서로 융화하면서 내부에서 종족적 대립이 비교적 적었습니다.

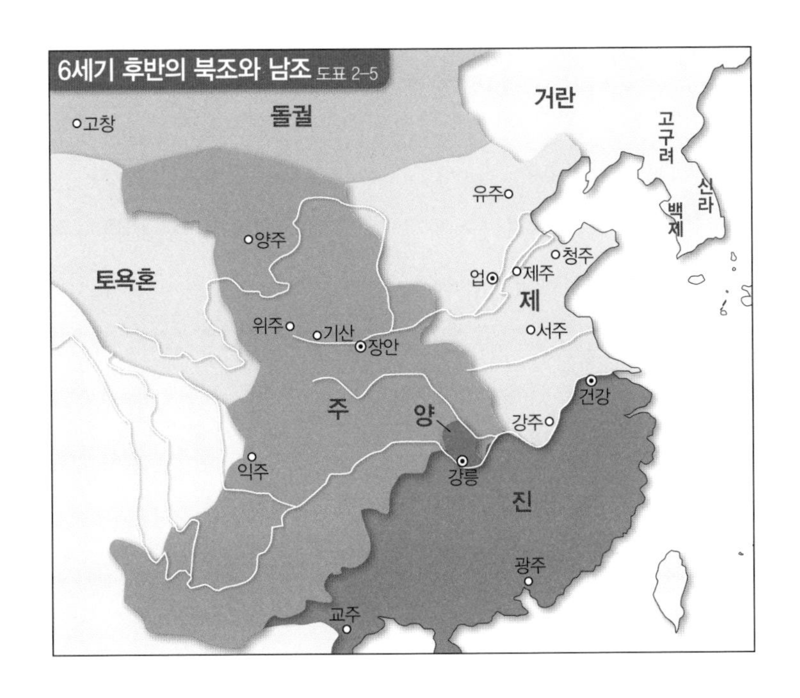

이윽고 북주는 북제와 어깨를 나란히 할 정도가 되었고, 라이벌로서 세력을 다투는 관계가 됩니다. 그것을 나타낸 것이 〈도표 2-5〉입니다. 〈도표 2-4〉와 비교해 보면 국명도 세력 범위도 크게 바뀌었습니다만, 실은 20년밖에 지나지 않았습니다. 정치적 변화가 얼마나 심한 시대였는지 알 수 있을 것입니다. 그리고 결국 북주가 북제를 병합하기에 이릅니다.

판도 그대로 남북을 비교해 보면 북조가 압도적으로 우세하게 됩니다. 그런데 북주 정권은 이어지지 못하고, 황제의 외척이었던 양견(楊堅)이란 사람에게 왕권을 빼앗기게 됩니다. 그가 바로 수(隋)나라를 세운 문제(文帝)입니다. 이 수나라가 남조의 진나라를 멸망시킴에 따라 중국 전역은 하나로 통합되었습니다. 남북조의 시대는 이렇게 끝난 셈입니다.

다만 정치적으로는 하나가 된다 해도 사회의 다원성은 변하지 않습니다. 그것을 어떻게 정합해 나갈지가 이후 정권의 숙제가 됩니다. 그리고 그것은 통일과 동화를 꾀한다기보다 지역별로 각각의 역할을 분담하고 분업해 나가는 방향으로 나아갑니다.

중국 사회는 한랭화에 대한 대처를 모색하면서 성곽 도시와 촌락이라는 두 종류의 취락 형태를 낳았고 생활패턴, 취락 형태, 인간관계, 신분 구성을 개선했습니다.

그 결과 정치적으로는 지역마다 분립과 갈등, 이합집산을 거듭했지만, 동시에 복합적이고 다원적인 사회를 실현했습니다. 이것이 세계적인 한랭화라고 하는 위기 속에서 중국이 내놓은 해답이었습니다.

북조에서 출발한 북주 정권에서 수나라가 나왔고 이후 당(唐)이 등장했습니다. 그렇다면 복합 · 다원적인 중국 사회를 정권이 하나로 묶는다는 것은 어떤 의미가 있을까요? 또한 이것은 세계사적으로 어떻게 자리매김할 수 있을까요? 다음 장에서는 그것을 살펴보도록 하겠습니다.

3장

수·당의 통일과 중국의 원형

A BRIEF HISTORY OF CHINA

수나라의 통일로 남북 분업의 시대를 개막

수나라나 당나라는 동아시아의 국가 형성에 큰 영향을 미치게 됩니다. 앞 장에서 언급한 대로 수나라 이전까지의 중국 세계는 다원적이고 정치 세력이 제각각이었기 때문에 한반도와 일본 등 외부와의 관계도 미미했습니다.

그러나 정권이 수나라로 통일되면서 외부에 막강한 영향을 끼치는 새로운 단계에 들어섰습니다. 다만 그동안 나뉘어 있던 것이 하나로 통일되기는 그렇게 쉽지 않았습니다. 각각의 지역 특성을 살리면서 어떻게 통합해 갈지 고민하는 과정을 거치게 되는데, 그 역할을 수와 당이 담당하게 되는 셈이지요.

수 왕조의 역사는 북서쪽 변경에 있던 북주 정권이 동쪽으로 접했던 북제(北齊) 정권을 멸망시키면서 시작되었습니다. 그 북주를 이어받고, 또 남조의 진(陳) 정권도 합해 통일을 완수한 것이지요. 그래서 중국의 전통적인 역사관에서 수나라는 북조의 하나로 인식되고 있습니다. 수 왕조는 30여 년 만에 2대로 막을 내렸습니다. 건국한 양견이 첫 황제인 문제(文帝)이고, 그 뒤를 이은 양제(煬帝)가 사실상 마지막 황제였습니다.

그러나 양제의 치세 때 수나라는 큰 치수 사업을 진행했습니다. 그것이 황하 유역과 장강을 잇는, 또 황하 유역에서 북경 방면으로

중국의 남북을 연결하는 대운하 도표 3-1

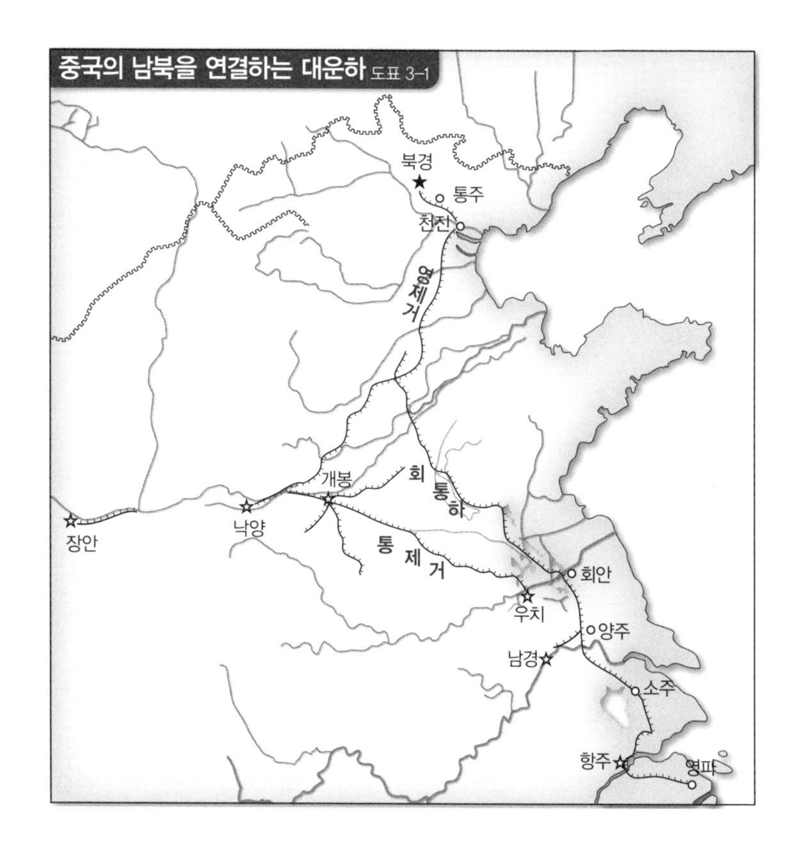

이어지는 대운하의 건설입니다. 〈도표 3-1〉 속의 '통제거(通済渠, 낙양~우치까지의 운하)' 노선은 당시 남방의 풍부한 물자를 북방의 수도 방면으로 운반하려는 목적이었습니다.

대운하는 남북 간 물류를 용이하게 했습니다. 원래 강남은 남조가 경제와 문화의 발전을 주도해 온 지역입니다. 그것이 정치 · 군사 방면에서 뛰어난 호족의 지배 및 통치와 결합함으로써 쌍방의 역할 분담이 더욱 명확해졌습니다. 대운하는 그 상징이 된 것이지요.

돌이켜 보면 진 · 한(秦 · 漢) 시대의 중국은 정치도 경제도 문화도 중원에 집적되어 있었습니다. 일원적 구조였던 셈입니다. 반면 수나라 이후의 큰 특징은 남방의 개발이 진행되면서 경제적으로 더 월등해졌다는 것입니다.

건조 기후인 중원은 유목과 농경의 경계 지역이라는 양면의 성격을 가지고 있습니다. 반면 습윤하고 비가 많은 남쪽 지역은 북방과는 차원이 다른 농경 지대입니다. 수나라의 탄생으로 남북은 서로의 특성을 한층 더 발전시키면서 융합하게 되었습니다. 중국사는 이른바 남북 분립에서 남북 분업의 시대로 넘어간 것입니다.

경제도시 '양주'는 남북의 물류를 연결하는 요충지

대운하 건설로 번창하기 시작한 대표적인 도시가 장강과의 교차점 북측에 자리한 양주(揚州)입니다. 중국 역사에서는 꽤 중요한 도시입니다. 표면적으로는 정치의 중심이 된 적이 거의 없었지만, 수양제가 종종 들르고 남북을 연결하는 거점으로 삼으면서 남쪽의 중심도시로 알려지게 되었습니다. 이렇게 군주가 자주 왕래하면서 도읍의 격식을 갖추게 되는 것을 '강도(江都)'라고도 합니다.

이곳은 장강 유역의 물자를, 대운하를 경유해 운반하는 출발점이자 집산지였습니다. 나중에는 부근에서 소금도 만들어집니다.

당시 소금은 개인은 물론 사회나 정권 차원에서도 매우 중요한 물자였습니다. 대륙인 중국에서는 풍부하게 생산할 수가 없었거든요. 중국 대륙은 해안선이 매우 짧고 소금 산지가 한정되어 있었기 때문입니다. 하지만 양주는 항구인 데다 소금의 생산지를 가까이 끼고 있기도 해서 당나라 때는 경제도시로서 수도인 장안보다 번성했다고도 합니다.

한편 장안은 진나라와 한나라 때부터 수도의 지위를 계속 유지하는데, 그것은 앞에서도 말했듯이 원래 고지대로서 농업 생산력이 높았기 때문입니다. 후에 경작지의 중심이 저지대로 내려가고 장안 주변의 생산성은 상대적으로 떨어지게 되지만, 그래도 수도로서의 지위는 유지되고 있었습니다. 오히려 경제의 중심에서 멀어지면서 정치·군사 쪽에 전념하기 쉬워졌다고 볼 수 있습니다.

단, 장안은 산으로 둘러싸여 있기 때문에 방어에는 유리했지만 전 국토를 두루 통치하는 데는 어려움이 있었습니다. 그래서 수문제는 수도를 하나 더 만들었습니다. 바로 낙양입니다. 이후 수·당은 줄곧 두 개의 수도를 유지했습니다. 서쪽의 수도가 장안, 동쪽의 수도가 낙양이었던 것이지요.

수양제가 수도 장안보다 강남의 양주를 선호

수나라가 장안 이외에 수도를 더 두었던 이유는 물론 광대한 중국을 다스릴 필요 때문이었는데, 아마도 두 가지 이유가 더 있었을 것입니다.

하나는 문제의 아들 양제가 산속에서 살기를 꺼렸다는 점입니다. 양제는 형을 밀어내고 황제에 오를 만큼 치밀하면서 허영심에 가득 찬 인물이었습니다. 한편으로는 위선자이면서 매우 사치스러운 폭군이기도 했고요.

한마디로 요약하자면 칭송받을 만한 인물은 아니었습니다. 그런 성격의 소유자가 산속의 시골보다는 시내 번화가에 머물기를 원하는 것은 당연하지요. 따라서 남쪽의 풍요로운 양주를 선호한 것도 무리는 아니에요.

그리고 또 하나는(역사적으로 이쪽이 중요한데) 수나라가 장안에서 원한을 샀다는 사실입니다. 수는 북주로부터 정권을 빼앗아 탄생했습니다. 양견(수문제)의 딸은 원래 북주의 황후였는데, 황제[우문윤(宇文贇), 북주의 제4대 황제로 재위 1년 만에 7세 아들에게 왕위를 물려주고 정치는 양견에게 미룬 채 주색잡기에만 몰두하다 요절했다]의 죽음을 틈타 양견이 외척으로서 당당하게 왕위를 차지한 것이지요. 그러면서 북주의 왕족 일가를 몰살해 버렸습니다.

당연히 북주의 정권을 떠받쳤던 세력들로부터 반감을 샀을 겁니다. 그런 사람들이 많이 남아 있는 장안에서 정치를 원활하게 하기란 쉽지 않았을 것으로 생각합니다. 그렇다면 장안에 거리를 둔 채 정복지인 동부 출신 사람들을 등용해 통치하고자 해도 이상할 것이 없겠지요. 양제가 강남, 특히 양주를 선호한 것도 궁극적으로는 이런 이유가 아닐까요? 대체로 왕조나 정권의 교체는 전대(前代)를 계승하면서, 한편으로는 전대의 부정(否定) 위에서 성립하게 되는 법이니까요. 남북조를 통일한 수나라도 예외는 아니어서 그 구조적인 딜레마를 끝내 해소하지 못했습니다. 결국 양제는 양주로 도피한 끝에 등을 돌린 근위병에게 암살당했습니다.

양제는 분명히 희대의 폭군이었다는 평가를 받고 있지만, 중국 역사에는 이보다 더 심한 폭군도 많이 있었습니다. 왕조를 멸망하게 만든 황제를 변호하는 역사가는 없습니다. 욕먹기가 십상이거든요.

유목민과 농경민을 융합하는 남북 통합을 주도

수 왕조의 혼란을 해결하는 와중에 대두한 것이 당(唐) 왕조입니다. 이들은 수의 실패를 반면교사(反面教師)로 삼아 출범했습니다. 예를 들어, 수나라가 경원시했던 것과 달리 당나라는 장안을 본거지로 삼았습니다. 남쪽의 경제력에 의존하는 것이 아니라 무력을 중심으로 중국 전체를 통치하겠다는 방침을 밝힌 것이 2대 황제 태종으로서 무용(武勇)이 매우 뛰어났던 이세민(李世民)입니다.

사실 이세민의 아버지, 이연(李淵)은 평범했어요. 그 존재를 거의 무시해도 무방하다고 할 정도입니다. 왕조 교체기에는 반드시 전란이 일어나기 마련인데, 이를 평정한 사람도 장군이었던 이세민입니다. 결국 이세민은 쿠데타를 일으켜 황태자였던 형을 살해하고, 아버지 이연을 은퇴시킨 후 황제 자리에 올랐지요.

당 태종 이세민은 중국 역사에서도 최고의 명군으로 알려져 있습니다. 그는 내정에도 많은 신경을 썼는데, 당시의 연호를 딴 '정관의 치(貞觀之治)'라는 훌륭한 정치를 펼친 황제로 유명합니다. 이를 기록한 저술《정관정요(貞觀政要, 당태종의 정치 철학을 문답 형식으로 정리한 책)》는 중국뿐만 아니라 동아시아에서도 오랫동안 제왕학의 교과서로 인용되었습니다. 다만 평판과 현실의 사이에는 차이가 있기 마련이고, 이세민도 예외는 아니었을 겁니다.

아무튼 당은 크게 위세를 떨쳤고, 여세를 몰아가듯 동쪽인 한반도와 일본으로 세력을 넓혀 갔습니다. 당시 한반도는 고구려, 백제, 신라의 삼국시대였습니다. 당나라는 3대 고종 때 신라와 손잡고 백제와 고구려를 멸망시키고 한반도를 신라로 통일시켰습니다.

이것은 백제를 지원하던 아스카(飛鳥, 일본 최초의 여성 천황 스이코

등이 다스린 7세기의 일본을 말하는데 불교 미술이 매우 발달했었다) 시대의 일본에도 강 건너 불이 아니었습니다. 일본은 당나라 세력이 덮쳐 올 것을 우려해 이에 맞설 수 있는 국가체제를 만드는 일을 서두르게 되었습니다. 바로 이렇게 당나라 시기에 오늘날 동아시아의 원형이 만들어진 셈이지요.

당나라 시대는 약 300년에 걸쳐서 이어지는데, 한시(漢詩)의 세계에서는 초당(初唐), 성당(盛唐), 중당(中唐), 만당(晩唐)의 네 시기로 구분하고 있습니다.

이 가운데 초당 시기에는 율령제(律令制, 수나라를 거쳐 당나라 시대에 완성된 중국 고대의 법전체계)가 제대로 작동했는데, 그것은 당나라의 막강한 군사력이 떠받쳐 주었기 때문입니다.

그 결과 당은 매우 광대한 세력 범위를 자랑하게 되었는데, 그 모습을 기록한 것이 〈도표 3-2〉입니다. 당의 고유 영역도 광대하지만 옅은 푸른색 선 부분에 나타난 최대 판도는 그 배 이상이라는 것을 알 수 있습니다. 그중의 가장 큰 영역이 북쪽에 있는데, '돌궐(突厥)'이라 불리는 투르크계 유목민이 지배하고 있던 지역이었습니다. '돌궐'이라는 것은 투르크(Turk)의 음역으로 오늘날의 터키인은 원래 이 지역이 근거지였습니다.

그 돌궐 남쪽에 중앙아시아의 오아시스 도시들이 있었습니다. 여기에 사람들이 모여 시장이 열리고, 유목민들이 상업인을 보호하거나 서로 협력하는 구조로 되어 있었다는 것은 첫 장에서 말씀드린 바와 같습니다. 당나라는 그 지역 모두를 세력권에 포함시켰

돌궐과 당, 당의 통일 도표 3-2

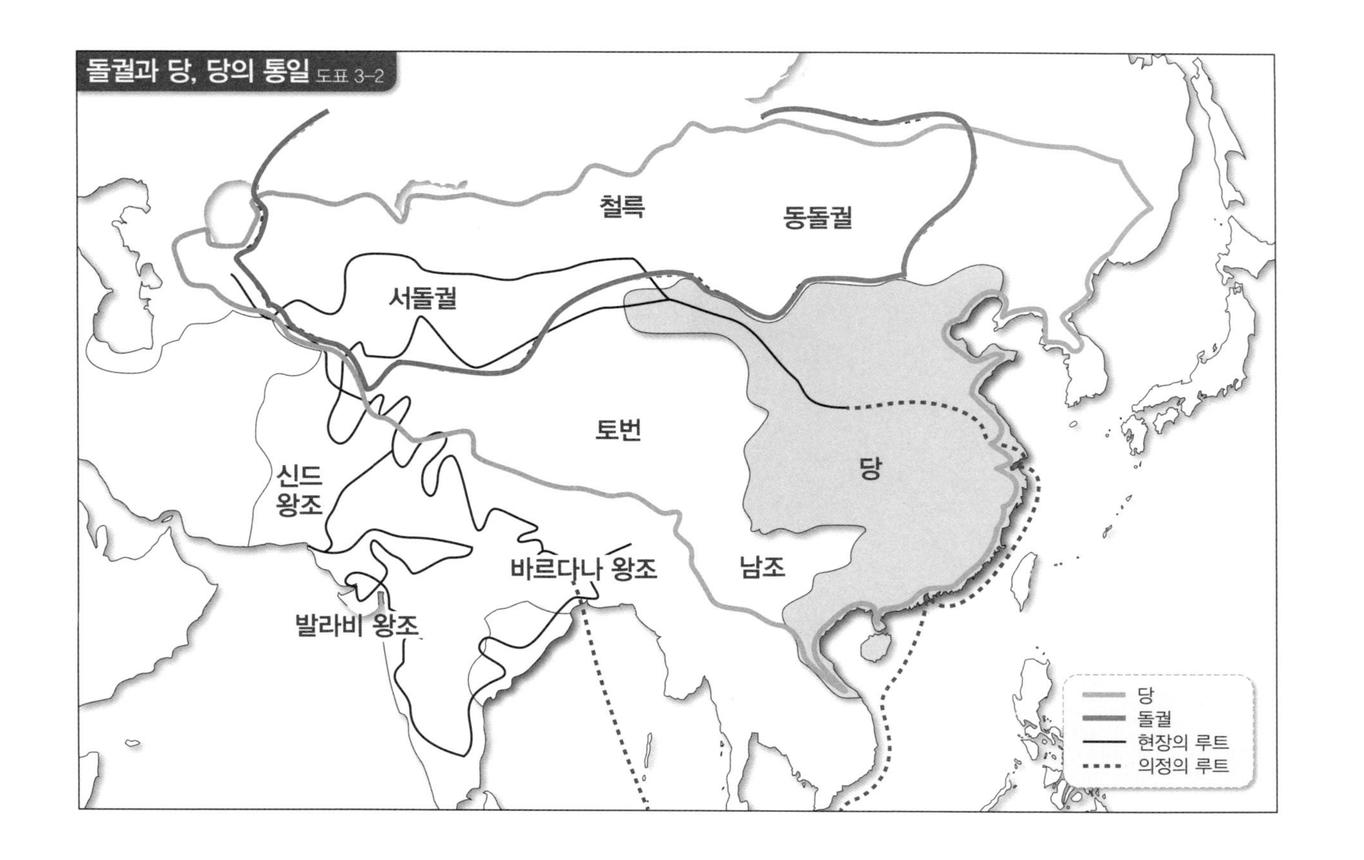

습니다.

〈도표 3-2〉에는 그 오아시스 도시군을 따라 인도 방면으로 남하하는 선이 그려져 있는데, 이는 《서유기(西遊記)》의 유명한 현장(玄奘) 또는 삼장(三藏)이라고도 하는 고승이 거쳐 간 여행길이기도 합니다.

다르게 생각해 보면 그 경로가 보여 주는 범위가 바로 불교권이었다는 것을 알 수 있는 것이지요. 즉, 〈도표 3-2〉에는 당의 영역과 유목권과 불교권이 하나로 그려져 있다는 점에서 그것들이 서로 중첩되어 있었다는 특징을 잡아낼 수 있습니다.

불교의 순례와 관련해서는 현장과는 별도로 남쪽에서 의정(義浄)이라는 인물이 거쳐 간 해안 루트도 있습니다. 그것도 〈도표 3-2〉에 그려진 대로입니다. 즉, 중원에서 강남과 서역 실크로드의 오아시스 지대까지 모두 불교권이었음을 알 수 있습니다. 이 또한 당나라 때의 특징 중 하나로 불교적 가치관을 공유함으로써 유목민과 농경민을 융합하는 남북 통합을 꾀했던 것이지요. 이를 정치적, 군사적으로 주도한 것이 태종 이세민이었습니다.

당나라는 다민족과 다종교 정책으로 제국 건설

특히 당나라의 성립과 발전 과정에서 주목해야 하는 것이 북쪽 돌궐과의 역학관계입니다. 유목 국가인 돌궐이 발흥한 것은 남북조 시대로 북조도 북주와 북제로 나뉘어 있었을 때입니다. 당시 두 나라에 비해 돌궐의 군사력은 압도적이었으며, 오히려 돌궐이 두 나라를 속국으로 간주하고 있었던 것으로 알려져 있습니다.

그러나 7세기 당나라 때는 힘의 균형이 바뀌면서 반대로 돌궐이 중원 왕조에 굴복하게 됩니다. 세력이 역전된 셈이지요. 동시에 돌궐은 남쪽 사람들과도 적극적으로 교류를 도모했던 것 같습니다. 유목만으로는 생활이 이루어지지 않았기 때문에 실크로드를 장악하고 그곳의 상업인과 여러모로 경쟁한 것이지요. 최근 그런 구조에 대한 연구가 활발하게 진행되고 있습니다. 특히 이때 소그드(Sogd) 상인들이 상업을 주도하는 일꾼이 되었습니다.

서쪽 카스피해의 동쪽에 아랄해가 있고, 파미르고원에서 아무강과 시르강이라는 두 개의 대하가 흘러드는 지역이 있습니다. 그 사이에는 많은 오아시스가 있어 중앙아시아의 일대 중심지가 되어 왔습니다.

일찍이 고대 페르시아제국이 진출했을 때 이 지역에 페르시아인들이 정착해 현지인들과 섞이게 되었는데요. 그 사람들이 소그드인이고, 그 지역이 소그디아나(Sogdiana)라고 불리게 된 것이지요.

즉, 이 지역은 줄곧 이란 · 페르시아계 상업인들의 주요 거주지였습니다. 지리적으로도 중앙아시아의 핵심인 오아시스이자 동서남북에서 물자들이 모이는 물류 중심지였습니다. 소그드인들은 물류를 독점해 오늘날로 말하면 거대한 재벌이나 다국적기업 같은 존재가 된 것입니다. 페르시아어를 사용하는 이들은 투르크계 유목민들의 보호를 받으며 경제적으로 제휴하고 있었습니다. 당나라는 이들을 자신들의 세력권에 포함하고 있었던 것이지요. 즉, 당에서 군사·경제적으로 가장 중요한 역할을 한 세력이 바로 소그드인이었다고 할 수 있습니다.

당시 그곳에 불교가 유포되었습니다. 비슷한 시기에 서쪽에서는 이슬람이 대두해 이란까지 병합합니다. 그러나 이란에는 이슬람 이외의 종교를 고수하려는 사람들이 많았습니다. 페르시아계라서 조로아스터교도 있었고, 서쪽에서 네스토리우스파 기독교(경교)도 들어왔습니다. 두 가지가 섞인 마니교도 있었고요.

이들이 중앙아시아로 도망쳐 소그디아나에 도착했는데, 그곳에는 인도에서 전래한 불교도 있었습니다. 이렇게 복합적인 배경에서 종교인들은 당과 깊은 관계를 맺게 된 것입니다. 즉, 사상계나 종교계도 매우 다원적인 것이 당의 큰 특징이었습니다. 돌궐의 유목 세계와 이들의 보호 아래 있는 소그드인을 모두 껴안은 결과라고 할 수 있습니다.

수나라는 앞서 말씀드린 대로 남북으로 분립해 있던 중국을 하나로 묶어 남북 분업의 세계를 이루었습니다. 〈도표 3-2〉에서 보면 당나라는 수나라의 영토를 그대로 이어받았습니다. 이와 비교하면 당이 얼마나 판도를 확대하고 다원성을 증가시켰는지 확연해집니다. 또, 분업 체제라는 의미에서도 정치, 경제, 문화뿐만 아니라 투르크계 유목민의 군사력과 소그드계 상업인의 경제력이 추가되었습니다. 당이 일시적으로 번영했던 것은 이 다원성이 유기적으로 맞물려서 하나로 묶어졌기 때문이라고 생각합니다.

당의 수도 장안의 경제계를 소그드인이 좌지우지

이러한 당의 번영을 단적으로 보여 주는 책이 이시다 미키노스케(石田幹之助) 선생의 유명한 저서 《장안의 봄》입니다. 이시다 선생의 평이하고 아름다운 명문으로 당시 장안의 풍경을 묘사한 명저인데, 거기에는 다음과 같은 기술이 있습니다.

'경성(京城) 동 벽의 중문(中門)인 춘명문(春明門) 언저리에 서서 멀리 바라보면(중략), 곱슬머리에 뾰족한 코, 붉은 수염에 파란 눈을 가진 호인(胡人)의 왕래 또한 드물지 않았다. 춘명문 근처에서 서역의 호인을 만났다는 이야기를 당나라 시대에는 심심치 않게 들을 수 있었다.

시끌벅적한 동시(東市)가 있는 것도 바로 이 근처인데, 비록 서시(西市)만은 못하지만, 타향살이하는 외지인이 이 부근에도 적지는 않았던 것 같다. 이른바 담가즈의 수도인 쿰단성에서 대당(大唐)의 천자를 천가한(天可汗)이라 받들고, 상단의 이익을 위해 모여든 서역 호인이 상당수에 이르렀던 것이다.'

장안성 복원도 도표 3-3

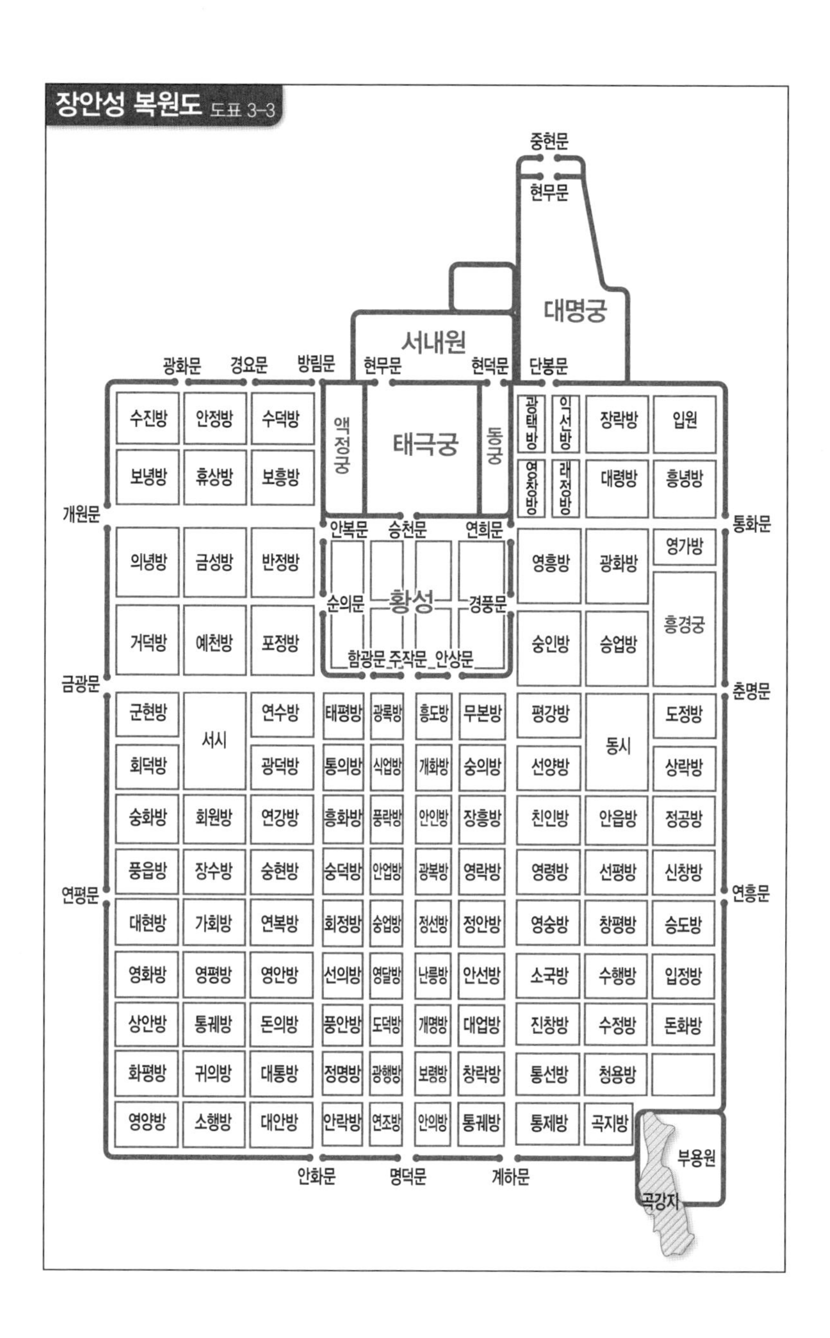

중현문
현무문
대명궁
서내원
광화문
경요문
방림문
현무문
현덕문
단봉문
수진방
안정방
수덕방
액정궁
태극궁
동궁
광택방
익선방
장락방
입원
보녕방
휴상방
보흥방
영창방
래정방
대령방
흥녕방
개원문
안복문
승천문
연희문
통화문
의녕방
금성방
반정방
영흥방
광화방
영가방
순의문
황성
경풍문
흥경궁
거덕방
예천방
포정방
숭인방
승업방
함광문
주작문
안상문
금광문
춘명문
군현방
서시
연수방
태평방
광록방
흥도방
무본방
평강방
동시
도정방
회덕방
광덕방
통의방
식업방
개화방
숭의방
선양방
상락방
숭화방
회원방
연강방
흥화방
풍락방
안인방
장흥방
친인방
안읍방
정공방
풍읍방
장수방
숭현방
숭덕방
안업방
광복방
영락방
영령방
선평방
신창방
연평문
연흥문
대현방
가회방
연복방
회정방
숭업방
정선방
정안방
영숭방
창평방
승도방
영화방
영평방
영안방
선의방
영달방
난릉방
안선방
소국방
수행방
입정방
상안방
통궤방
돈의방
풍안방
도덕방
개명방
대업방
진창방
수정방
돈화방
화평방
귀의방
대통방
정명방
광행방
보령방
창락방
통선방
청용방
영양방
소행방
대안방
안락방
연조방
안의방
통궤방
통제방
곡지방
부용원
곡강지
안화문
명덕문
계하문

〈도표 3-3〉이 당시의 장안성입니다. 춘명문은 장안의 동쪽 끝에 있는 문으로 일본의 견당사(遣唐使, 당나라에 파견한 조공사절로 신라도 견당사를 파견했고 당이 중국을 통일한 후에는 고구려, 백제, 신라가 모두 파견했다)도 이곳을 지나갔다고 해요. 또, '곱슬머리에 뾰족한 코', '붉은 수염과 파란 눈'은 이란계의 풍모로, '서호(西胡)'는 틀림없이 소그드인을 가리킵니다. 그런 사람들 다수가 이 근처를 어슬렁거리고 있었다는 것입니다.

거기에는 이유가 있습니다. 원래 장안의 각 블록에는 벽이 있어서 기본적으로 주택가와 관청가가 명확하게 나뉘어 있었습니다. 다만 춘명문 근처에는 흥경궁(興慶宮)이라는 궁궐이 있고, 그 맞은편에는 동시(東市)라는 시장이 있었습니다. 시장에는 상인들이 모입니다. 그래서 그 주변에 소그드인 상인들과 종업원들이 살았던 것이지요.

장안의 서쪽에는 서시(西市)도 있었습니다. 소그디아나는 장안보다 훨씬 서쪽 중앙아시아에 있었기 때문에 서쪽에서 온 소그드인이라면 서시에 더 많이 있었을 것입니다. 그런데 이들이 동시에도 많았다는 것은, 즉 장안 전체의 경제계를 소그드인들이 좌지우지했다는 것을 의미합니다. 아마도 장안뿐만 아니라 당나라 경제 대부분에도 비슷한 영향력을 미쳤을 것입니다. 그러니까 이시다 선생은 '비록 서시만은 못하지만 타향살이하는 외지인이 이 부근에도 적지는 않았던 것 같다'라고 지적하고 있는 것이지요.

또, '소위 담가즈의 도읍 쿰단성' 이라는 것도 이시다 선생의 표현으로서, '담가즈'는 당나라, '쿰단성'은 장안을 뜻하는 페르시아어 입니다.

당나라의 원류 북조(北朝)를 세운 선비(鮮卑)의 탁발(拓跋) 씨라는 부족은 유목 기마민족으로 원래 한어(漢語)를 쓰지 않습니다. 그래서 발음에 탁발이라는 한자어를 붙였을 뿐이지요. 소그드인들은 탁발 씨를 이었다고 본 당나라 정권을 '담가즈'라고 불렀어요. 또, '당의 황제를 천가한이라고 추앙하고'라고 한 것은 유목민들이 당나라 천자를 공경했다는 것입니다. 이는 지금까지 돌궐이 수행하던 사업을 당이 계승했음을 의미합니다.

이 간단한 한 문장만으로도 장안이 매우 국제적인 색채가 강했다는 것을 알 수 있을 것입니다. 그것은 장안이라는 한 도시뿐만 아니라 당을 이루게 된 역사적 경위나 지리적 추이, 정권의 성격 등을 상징하고 있다고 생각해도 좋을 것 같습니다.

유라시아의 동과 서는 각각 불교와 이슬람으로 통합

당나라 시대는 일반적으로 중국인에 의한 중국의 시대라는 이미지가 강하다고 생각합니다. 하지만 장안은 굉장히 국제적인 도시였습니다. 특히 이 시대에는 이란 문화가 가장 번성했다고도 합니다.

이를 상징하는 것이 '궁파사(窮波斯)'라는 말입니다. 궁(窮)은 가난하다는 의미이며, 파사(波斯)는 페르시아의 음역으로 소그드인을 가리킵니다. 즉, 궁파사는 가난한 소그드인이라는 의미인데, 이것은 '흔치 않다'라는 비유적 표현으로 쓰였습니다. 그만큼 소그드인들이 부유했다는 것이지요.

과거 호(胡)라고 하면 흉노와 선비 같은 유목민을 지칭했지만, 이 무렵부터는 소그드 상인을 지칭하는 용어로 자리를 잡습니다. 당시의 민화집이나 설화집에서도 호인이 중국의 금붙이를 사들이는 이야기가 많이 나옵니다.

한편, 이들은 여러 종교를 들여왔고, 현종의 성당(盛唐) 시기에는 장안에 많은 사찰을 세우기도 했습니다. 당시 한시의 세계에서는 두보와 이백이 활약하기도 했습니다. 이때가 바로 당의 전성기였지요.

참고로 이와 비슷한 시기에 유라시아의 서방도 한랭화에 따라 지배 체계가 세분되는 경과를 거친 후 이슬람에 의해 다시 하나로 통합되고 있었습니다. 동서가 동시대에 같은 추세와 병렬적인 움직임을 보이고 있는 것입니다.

다만 그런 통합의 과정에는 많은 시행착오가 있었고, 또 모든 것이 완전히 성공한 것도 아닙니다. 이렇듯 다원적인 문화와 특성을 결합해 각각에 이익을 가져다주면서 전체적으로 큰 힘을 발휘하는 것이 당나라의 기본 시스템이었지요. 다만 이때 필요한 것이 각 세력 간의 이해를 조정하기 위한 통합기관입니다. 당나라 정권은 물론 그 역할을 기꺼이 맡았습니다.

사실 이 부분의 연구는 아직 충분히 진행된 것은 아닙니다. 다만 개인적인 의견으로는 수나라부터 당나라까지 일관되게 풀리지 않는 문제들이 적지 않았던 것 같습니다. 당은 언뜻 보면 순조롭게 풀린 것처럼 보이지만 그렇지 못한 국면도 있었습니다.

수문제가 불교를 이용해 다원국가의 통합을 도모

진 · 한제국의 시기는 중원을 핵심 지역으로 하고 사회 구성도 일원적이었습니다. 그래서 한무제는 유교를 사실상 국교화했는데, 이것은 통치이념에도 잘 맞았습니다. 유교가 본래 한인에게는 토속적인 가르침이었기 때문입니다. 하지만 이후 5호 16국과 남북조 시대에 이르러 유래가 다양한 민족들이 합쳐졌고, 통치 범위도 다방면으로 확대되었습니다. 더 이상 한인들만의 중원이 아니었던 것이지요. 전통적으로 내려오는 풍습이나 사회적인 관습 · 생활 · 가치관이 전혀 다른 사람들이 서로 뒤엉키면서 필연적으로 각종 민간신앙과 신흥종교가 뒤섞였고, 전에 없던 사회적 갈등과 문제가 대두됩니다. 이것을 유교만으로는 도저히 감당할 수 없었습니다.

그래서 대두된 것이 인도에서 들어온 불교입니다. 후한 시대에 전해진 불교는 결국 지배층부터 민간까지 폭넓게 침투해서 운강(雲崗)석굴이 만들어지고, 남조의 사백팔십사(四百八十寺)라는 말처럼 수많은 사찰이 곳곳에 만들어졌지요.

수문제는 그런 불교의 영향력을 바탕으로 당대의 과제였던 남북의 일체화를 이룬 흔적이 보입니다. 관료로 중용한 사람들 중에는 장안에 있던 투박한 북주계 무인들이 아니라 동쪽 황하 하류 지역이 기반인 북제 귀족들이 많았습니다. 그들은 불교 신앙이 깊었기 때문에 수문제는 그것에 의지해서 정치를 하려 했던 것이었지요.

불교 중에서도 특히 대승불교에는 중생구제(衆生救濟)라는 사상이 있습니다. 구원받고 싶어 하는 사람들에게는 매우 매력적인 종교였던 것입니다. 거기에 국가이념을 이식해 통치의 힘과 권위를 높이려고 했던 것이죠.

실제로 문제가 불교에 귀의했다는 기록들도 남아 있고요. 불교 용어인 보살은 원래 '보리살타(bodhisattva, 산스크리트어로 부처님과 같은 깨달음을 얻기 위해 수행하는 사람)'를 한어로 표기한 준말인데, 깨달음을 얻기 전의 부처를 지칭합니다. 특히 보살은 북쪽으로 파생된 대승불교에서 중생을 제도하는 권위 있는 지위를 가진 자로서 널리 알려졌습니다.

당시 불교에서는 출가나 재가 할 것 없이 중생을 구하려 힘쓰는 자가 행동규범과 계율을 받게 되면 모두 보살로 인정했습니다. 이를 '보살계'라고 하는데 열성적 불교도였던 남조의 양나라 무제는 이 '보살계'를 받았습니다. 이렇게 종교 차원에서 '후계자'라고 할 만한 사람이 수문제였습니다. 수문제가 보살계를 받은 것은 분명합니다.

다만 당시 불교는 말하자면 세계 종교로서 보편성을 지녔었습니다. 따라서 보살로서 인정받았다는 것은 외국에서 볼 때 쉽게 교류하고 접근할 수 있다는 장점이었던 것 같습니다.

또, 다른 기록이나 불전에 의하면 수문제가 '전륜성왕(轉輪聖王, 통치의 수렛바퀴를 굴려 세계를 지배하는 제왕으로 인도 신화에 나온다)'으로도 불렸다고 합니다. 이것은 고대인도 아소카(Asoka, 고대 인도 마우리아 왕조의 제3대 왕으로 불교를 장려했다) 왕에게 부여된 이상적인 제왕의 칭호이자 불교 세계, 세속의 지도자라는 뜻입니다.

문제는 말년에 전국 각지에 사리탑도 건립했는데, 이것도 아소카 왕의 고사(故事)를 의식한 것으로 보입니다. 어찌 되었든 문제는 단순히 중원에서 유래한, 천자를 능가하는 제왕을 목표로 삼았으니 불교를 이용해 다원국가를 하나로 묶으려고 고심했을 것입니다.

'금륜왕' 측천무후는 세속과 종교의 제왕으로 군림

수나라의 뒤를 이은 당나라의 중요한 정치적 과제는 앞서 말씀드렸듯이 유목 세계와의 통합이었습니다. 제2대 황제 태종(이세민)은 《장안의 봄》에서 보듯이 '천가한(天可汗, 태종을 가리키던 말로 터키어로는 최고위의 지배자, 하늘에서 내려온 황제를 뜻한다)'이라 불렸습니다. 아마 이것은 유목민들이 붙여 준 이름일 거예요. 가한은 몽골어로 칸, 쿠빌라이 칸의 칸이지요. 거기에 한자를 빗대어 쓴 것이 '가한(可汗)'이고, 하늘과 직결되어 있다고 해서 '천가한'이라고 한 것입니다.

이시다 선생에 따르면 유목민에게는 많은 부족이 있었는데, 그 중 최고위에 오른 자가 바로 '천가한'이라고 불렸다고 해요. '왕 중의 왕' 같은 존재일 것입니다. 이 칭호를 태종에게 부여한 것이지요.

그러고 보면 앞에서 나온 '대당의 천자를 천가한이라고 추앙하며'라는 이시다 선생의 표현에서 그 의미를 더 잘 알 수 있을 거예요. 당나라의 천자, 중국의 황제는 유목민들의 '천가한'이기도 했는데 그런 식으로 양자를 통합해 나갔던 것으로 보입니다. 다만 태종은 당과 유목민의 세계에서 군림했을 뿐입니다. 이보다 더 보편성을 추구한 것이 저 유명한 측천무후(則天武后, 중국의 유일한 여자 황제로 주나라를 세워 15년을 통치했다)입니다.

태종의 아들인 고종 때 당의 영역은 최대로 넓어집니다. 그것을 보여 주는 것이 앞에서 나온 〈도표 3-2〉입니다. 하지만 그것은 모두 태종의 유산이었고, 고종 자신은 평범한 황제였습니다. 그러나 고종과 달리 그의 아내는 야심만만했던 측천무후입니다. 역사에 남긴 발자국이라는 의미로 따진다면 태종을 계승한 것은 고종이 아니라 측천무후였다고 봐도 무방할 것 같습니다.

측천무후는 중국 역사상 유일한 여제로 알려져 있습니다. 흥미가 있는 학자들이 여러 가지를 조사해 쓴 논문에 의하면 꽤 재미있는 인물이라는 점은 분명합니다.

원래 고종이 승하한 후엔 아들이 이어서 즉위해야 하는데 측천무후는 그것이 마음에 들지 않았던 모양입니다. 그래서 그녀 자신이 황제가 되려고 획책하면서 이용한 것이 바로 불교였습니다. 여성이 군림하거나 중생을 구제하는 이야기를 모아 새로운 경전을 만든 것이지요.

이렇게 해서 그녀는 황제로 즉위했는데, 당시에 그녀가 직접 지은 이름이 바로 '금륜왕(金輪王)'입니다. 더할 나위 없는 최상의 지상 군주라는 뜻입니다. 앞서 언급했듯이 수문제는 전륜성왕이라고 불렸습니다. 그러나 이것은 어디까지나 인간 세상에서만 군림하는 제왕을 의미합니다.

그에 비해 '금륜왕'은 종교의 세계를 포함해 모든 천하의 정점에서 있는 제왕을 의미합니다. 수나 당의 '천하'와 같은 세속적 스케일에 한정한 것이 아니라, 좀 더 높은 차원의 보편성을 가지고 전 세계를 하나로 묶겠다는 의사 표시로 해석해야 할 겁니다.

다원적인 세계를 하나로 모아 묶겠다는 목표 자체는 수문제도, 당 태종도, 측천무후도 다르지 않습니다. 그러기 위해 각각 정책을 내놓았지만, 역시 모두 같을 수는 없었습니다. 이로써 그들 자신의 입장이나 의식이나 자세가 매우 달랐다는 것도 알 수 있다고 생각합니다.

호인과 한인의 권력투쟁 '안사의 난'으로 당의 해체

어찌 보면 불교와 황제의 호칭에 의존해야 할 정도로 당의 실질적인 지배권이 공고하지 못했다는 간접증거일지도 모릅니다. 다양성 안에서 힘의 균형을 아슬아슬하게 유지해야만 했던 사정은 변하지 않습니다.

그래도 태종이나 측천무후까지는 안정적이었습니다. 그다음 현종 때는 '개원의 치(開元之治, 제6대 황제 현종의 통치시기로 나라가 융성하고 태평했다)'라고 불리는 치세를 실현해 당나라도 전성기를 맞이하기는 합니다. 그러다 8세기 중반 천보(天宝) 연간에는 '안사의 난(安史之乱, 안녹산과 사사명이 일으킨 당나라 최대의 반란)'이 일어났습니다. 이를 계기로 당의 영화는 쇠락의 길로 들어서게 되지요.

현종은 할머니 측천무후가 죽은 후 잔당들을 쿠데타로 무찌르고 천자의 자리에 즉위했습니다. 불교에 의지하지 않는 방법으로 국가적 과제에 맞서려는 의지가 있었던 것으로 보입니다. 처음에는 성실하게 노력해 출발은 좋았다고 볼 수 있습니다만, 점차 잘되지 않게 됩니다.

이유는 여러 가지를 생각해 볼 수 있습니다. 측천무후를 부정하고 불교가 아닌 토속적인 유교를 바탕으로 개혁을 추진하겠다는 의지도 그중 하나입니다. 그것이 예를 들어, 당의 성립과 발전의 근간인 다원화나 국제화에 제대로 대응할 수 없었던 한 요인이 아닐까 생각합니다.

덧붙여 양귀비와의 만남도 있었습니다. 중국사에서 가장 유명한 로맨스일지도 모릅니다. 현종과 양귀비의 비극적인 사랑이야기는 백거이의 〈장한가(長恨歌)〉로 유명세를 치렀습니다.

그녀에게 마음을 완전히 빼앗긴 현종이 정무를 소홀히 하자 그 틈을 타 양귀비의 친족인 양국충이 정계의 실력자로 대두했습니다.

이 무렵의 이야기는 약간 문학적으로 흐르는 경향이 있습니다만, 어쨌든 그에 대한 반대 세력이 있었던 것은 확실합니다. 군사력을 바탕으로 반란을 일으킨 것이 바로 소그드인 출신 안녹산인데, 그것이 '안사의 난'으로 발전한 것이지요.

이는 호인(胡人)과 한인(漢人)간의 싸움인데, 결과적으로 다원적

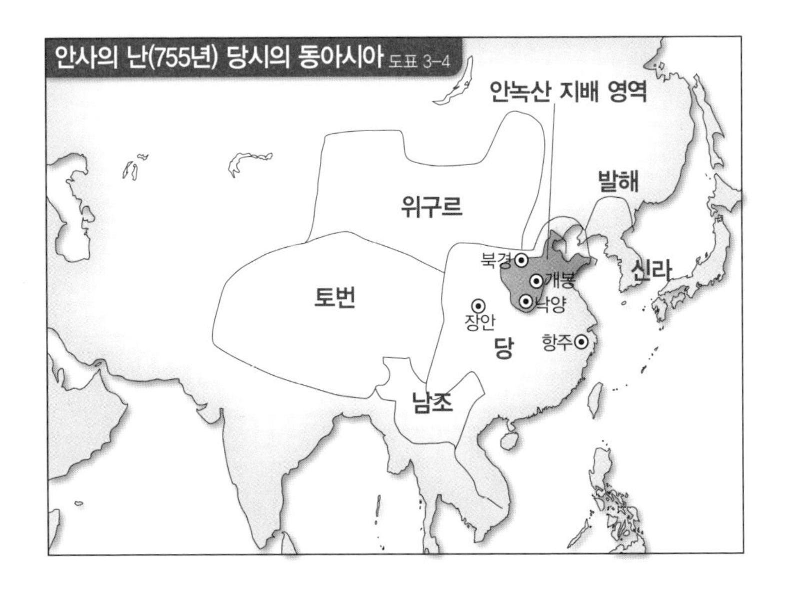

정치 상황을 제대로 다루지 못했다는 것을 의미합니다. 수와 당의 좌절을 상징하는 사건이었다고도 할 수 있습니다.

8세기 중반 이후 '안사의 난' 무렵의 지도가 〈도표 3-4〉입니다. 당의 최대 판도를 나타낸 앞의 〈도표 3-2〉와 비교해 보면 얼마나 축소되었는지 알 수 있습니다.

당나라 북부에는 안녹산의 지배 영역이 있었습니다. 이곳에는 이후에도 투르크계 군벌들이 눌러앉게 됩니다. 더욱이 그 바깥쪽에는 돌궐에 이어 대두했던 강력한 투르크계의 유목 국가 위구르가 영향력을 확대하면서 당나라는 거의 속국 같은 처지가 됩니다. 서쪽에서는 토번도 세력을 넓혀 오고 있었습니다. 당나라는 이때부터 100년 이상 존속했지만, 결국 무참히 해체되면서 다원화가 가속화되는 모습을 보입니다.

그 후, '5대 10국'으로 불리는 시대인 917년의 모습을 나타낸 것이 〈도표 3-5〉입니다. '안사의 난' 이후 치안유지 명목으로 각지에서 독립한 군벌들이 등장합니다.

이 중 북부 안녹산의 지배 지역을 포함한 중원 황하 유역은 당나라를 멸망시킨 후량(後梁)을 비롯해 모두 다섯 개의 왕조가 이어 가게 됩니다. 그래서 '5대'라고 부릅니다만 그 안을 자세히 들여다보면 하나의 왕조 안에서도 왕위가 단절되기도 하는 등 액면 그대로 받아들이지 않아도 좋을 것입니다. 어쨌든 단명 정권이 계속된 난세라는 사실만 알아 두면 된다고 생각합니다.

한편, 남쪽에서는 '10국', 즉 열 개의 소국이 난립합니다. 강남이

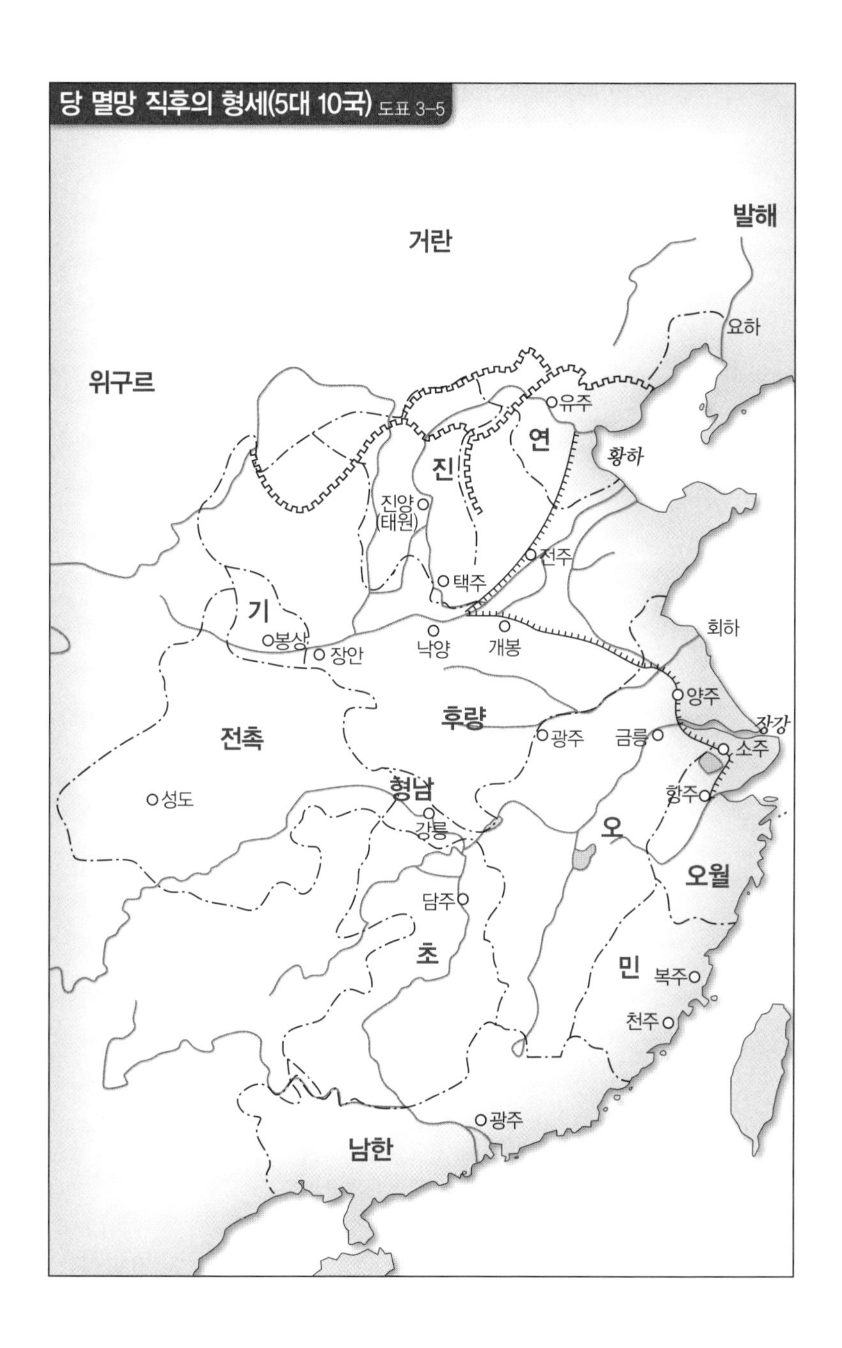
당 멸망 직후의 형세(5대 10국) 도표 3-5
거란
발해
요하
위구르
유주
연
황하
진
진양
(태원)
전주
택주
기
봉상
장안
낙양
개봉
회하
양주
후량
장강
전촉
광주
금릉
소주
형남
성도
항주
강릉
오
오월
담주
초
민
복주
천주
광주
남한

본격적으로 개발되면서 드디어 작지만 각자 독립할 수 있는 시대가 온 거지요.

우리가 기억하는 것은 4세기의 '5호 16국' 시대입니다. 이때처럼 작은 나라들이 분립하는 시대가 된 것인데, 당시 북쪽과 중원에는 여러 국가가 난립해 있었고 남쪽과 강남은 하나의 나라로 합쳐져 있었지요. 당시엔 하북 지역이 잘 개발되어 있었기 때문에 정권의 규모가 작더라도 독립이 가능했던 것입니다.

그러나 남북조 시대를 거치면서 수와 당의 평화로운 시기에 남쪽 지방의 개발은 꾸준히 진행되고 있었습니다. 그러다 10세기에 이르면 강남에서도 작은 나라가 분립하는 지경에 이릅니다. 또, 세세한 블록별로 한층 집약적인 개발이 진행되었다는 사실도 감안해야 합니다. 참고로 수양제가 사랑한 양주는 10국 중에서도 가장 크고 강력했던 오(吳)의 수도였습니다.

시대의 흐름에 따라 대륙의 양상은 크게 변화했습니다만, 지배층이 다원적인 세계를 어떻게 컨트롤할 것인가, 라는 문제는 여전히 풀리지 않은 과제로 남겨졌습니다. 당은 그것을 무력이나 불교의 힘을 바탕으로 극복하려는 과정에서 시행착오를 겪다가 결국 좌절하고 말았던 것이지요.

4장

당송 시대의 문화·경제 혁명

A BRIEF HISTORY OF CHINA

페르시아계가 정착했던 중앙아시아의 투르크화

8~9세기에 걸쳐 당은 해체되기 시작합니다. 그때도, 또 그 후에도, 크게 영향을 미친 것이 중앙아시아의 동향입니다.

〈도표 4-1〉은 10세기 후반의 이슬람권과 그 주변의 지도인데, 최동단에 '위구르'가 있다는 것을 알 수 있습니다. 이것을 서위구르국이라고 하는데, 오늘날 신장위구르자치구 근처와 일치합니다.

3장에서 소개한 '안사의 난' 당시의 동아시아 지도를 나타낸 〈도표 3-4〉에서 위구르라고 이름 붙여진 국가는 더 동쪽, 오늘날의 몽골 근처에 있었습니다. 약 200년 만에 여기까지 이동한 것이지요.

원래 이 일대는 페르시아계 소그드인이 자리 잡고 있던, 오아시스 도시가 펼쳐진 지역이었습니다. 그런데 그곳으로 투르크계 유목민인 위구르인들이 들어와 유목이 아닌 정착을 하게 됩니다. 그

10세기 후반의 이슬람 권역과 그 주변 도표 4-1

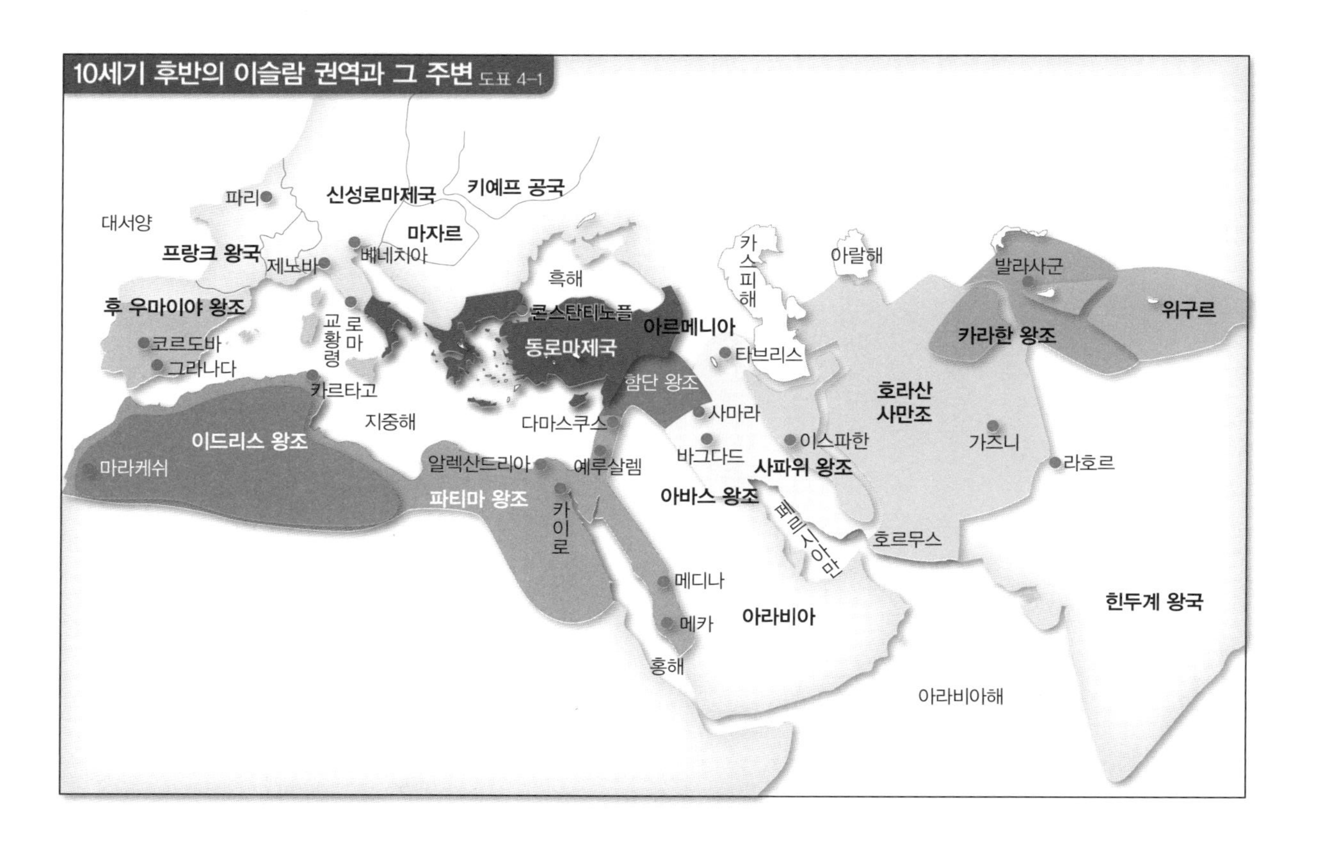

들은 생활 방식을 완전히 바꾸어 토착화되었는데, 즉 소그드인처럼 되어 버린 것입니다.

〈도표 4-1〉의 위구르 서쪽에는 카라한조(The Kara-Khanid Khanate, 투르크인이 세운 최초의 이슬람 국가)가 있는데, 그 구성원들이 바로 투르크계 유목민입니다. 그래서 지금까지 소그드인이나 페르시아계 사람들의 정착지·상업지였던 소그디아나와 그 동쪽 일대는 위구르인 등 투르크인들로 대체되어 갔습니다. 지명도 소그디아나에서 '투르크인이 사는 땅'을 뜻하는 '투르키스탄'으로 바뀝니다.

이 현상을 '중앙아시아의 투르크화'라고 합니다. 또, 카라한조의 서쪽 옆에는 거대한 사만조(Saman, 이란의 호족이 아바스 왕조에서 분리해 세운 왕조)가 있습니다. 이것도 9세기부터 10세기에 걸쳐 만들어진 페르시아계의 이슬람 정권이었습니다. 양자는 정확히 소그디아나 근처에서 서로 겹치고 있습니다만, 페르시아계의 사람들이 투르크인보다 문명도가 높았습니다. 대신 투르크인들은 무력에서 뛰어난 점을 인정받아 페르시아계의 무슬림에게 경호원이나 용병으로 고용되기도 했습니다.

투르크인뿐만 아니라 원래 소그디아나에 살고 있던 페르시아계의 사람들도 사만조의 영향으로 점점 이슬람으로 개종해 갔습니다. 중앙아시아 이슬람화의 시작인데, 여기서 태어난 세력이 드디어 각지에서 각각 독립 정권을 탄생시켰던 것입니다.

한편, 위구르는 파미르고원보다 동쪽에 있기 때문에 아직 이슬람의 영향이 미치지 않았고, 마니교나 불교 등이 널리 신봉되고 있었습니다. 즉, 옛 소그디아나 부근과는 종교적으로 다르지만, 정주를 시작하면서 이제는 유목민을 벗어났다는 점에서는 공통점이 있습니다.

결국 9세기에서 10세기에 걸쳐 유라시아 전역에서 다시 작은 나라가 분립하는 형태가 된 것입니다. 그것은 앞의 이슬람 세계의 지도와 3장에서 소개한 '5대 10국'의 〈도표 3-5〉에서도 분명히 나타나듯이, 동서에서 거의 같은 시대에 일어나고 있던 병행 현상입니다. 7세기 무렵에는 각각 당과 이슬람으로 정리되어 있었던 것을 보면 둘 다 얼마나 크게 변화했는지 짐작할 수 있을 겁니다.

온난화의 시작과 중국 북방 유목민들의 대이동

그럼 투르크계 유목민인 위구르인들은 왜 동쪽에서 서쪽으로 이동해 안정된 생활을 시작했을까요?

동기나 진실은 당시의 위구르인에게 묻지 않으면 알 수 없지만, 하나 생각할 수 있는 것은 이 무렵부터 시작된 온난화입니다. 그동안 축소되었던 초원 지대가 확대되면서 유목민들의 활동이 활발해졌다는 사실은 틀림없다고 생각합니다. 게다가 유라시아 전역으로 확대해서 본다면 원래 동쪽보다 서쪽에 초원이 풍부했기 때문에 그 방면을 목표로 했다고 충분히 생각해 볼 수 있습니다.

소국들이 분립한 원인도 마찬가지라고 봅니다. 동서에서 당과 이슬람의 두 제국이 성립한 것이 한랭화의 정점이라고 본다면, 온난화와 동시에 그에 대한 재점검이 시작되면서 다시 다원화가 진행된 것으로 보는 게 타당하지요.

위구르인이 빠진 동아시아에서는 동쪽에 있는 몽골계와 퉁구스계의 유목민과 수렵민이 힘을 얻고 있었습니다. 이 가운데 몽골계 유목민의 나라 중에서는 10세기 초 '5대 10국' 시대에 그 북방에서 발흥한 거란을 대표적으로 꼽을 수 있습니다.

거란은 오늘날의 몽골 동쪽 네이멍구 근방을 본거지로 삼아 서쪽, 남쪽으로 진출하면서 크게 세력을 확대했습니다. 그 안에는 위구르인과 한인도 많이 있었습니다.

거란(契丹)이라는 이름은 키탄 · 키타이의 가차문자(假借文字)인데, 이것이 북쪽으로 전파되어서 오늘날 러시아어로는 중국(Китай)을 일컫는 말이 되었습니다. 영어 캐세이(Cathay)도 마찬가지입니다. 거란이 역사에 끼친 영향이 이렇게 큽니다.

또, 퉁구스계의 수렵민은 지금의 러시아 연해주 근방 출신입니다. 이곳은 원래 초원 지대라기보다는 삼림 지대였어요. 당나라 때는 발해라는 나라를 세웠고, 신라와 일본과도 깊은 관계가 있었습니다. 마침내 이 지역에 있던 세력(여진족)이 발흥하면서 거란을 타도하게 되었습니다. 어쨌든 동쪽의 세력들이 대두해 서쪽의 초원 지대를 제패해 나갔던 것입니다.

이들이 힘을 얻게 된 요인으로는 위구르인이 사라진 것도 들 수 있습니다만 그 남쪽, 즉 중국에서 일어난 변화와도 무관치 않다고 봅니다. 강해진다는 것은 비단 무력만으로 되는 것은 아닙니다. 예를 들어, 무기를 충분히 확보한다든지, 물자 공급이 풍족해진다든지 하는 경제적인 역량도 필요합니다.

당시 유라시아 서쪽 지역은 농업 생산력이 높은 지중해 일대 및 유럽과 실크로드로 연결되어 식량을 조달할 수 있었습니다. 그런 서쪽과 맞설 수 있을 만큼 동쪽이 힘을 얻게 된 것은 아마도 역시 농경 세계의 중국과 연결되어 있었기 때문일 것입니다.

오히려 이 무렵의 경제력은 실크로드로 연결된 서쪽보다 중국 쪽이 더 높았을지도 모릅니다. 이것이 몽골계, 퉁구스계의 유목민과 수렵민의 발흥을 촉진했다고 볼 수도 있습니다. 그렇다면 이때 중국에서는 도대체 무슨 일이 벌어지고 있었던 것일까요? 그것은 바로 '당송 변혁'이라고 불리는 대변화였습니다.

당송 변혁이 바꾼 중국 사회 ①
- 석탄 등 에너지 혁명

'당송 변혁'이란 당나라와 송나라 사이에 일어난 큰 사회 변동으로 동양사나 중국사에서는 반드시 나오는 개념입니다.

당나라는 907년에 멸망하고, 송나라는 960년에 탄생합니다. 이 사이의 약 반세기가 '5대 10국' 시대로 중원에서는 왕조 정권이 '5대'

에 걸쳐 교체되고, 강남에서는 '10국'이 난립했음을 의미합니다. 참고로 5대 정권 중 가장 단명한 4대째 후한 왕조는 불과 4년 만에 멸망했습니다.

그만큼 정세가 불안정했습니다만, 그 요인의 하나는 중국 각지가 독자적으로 경제성장을 이루면서 군벌이 난립한 탓입니다. 그 원동력이 된 것이 바로 에너지혁명입니다.

인류의 진보와 발전 수준을 나타내는 가장 중요한 지표 중 하나는 에너지의 사용입니다. 열을 얼마나 자유롭게, 대량으로, 효율적으로 사용할 수 있는지가 문명의 수준을 가르는 기준입니다.

고대에 연료라고는 목재뿐이었습니다. 그런데 나무를 베어 내면 산림자원은 줄어듭니다. 특히 건조 지역에서는 산을 민둥산으로 만들면서 그 에너지로 문명을 진화시켰습니다. 그런 이유로 서아시아에서는 산림자원이 고갈됩니다.

동아시아에서는 반대 현상이 일어났는데, 이를테면 중원에 유목민이 들어오면, 이들은 목재를 사용하는 풍습이 없기 때문에 오히려 나무가 남아 있게 되거나 산림자원이 더 늘어나곤 했습니다. 단순히 산림자원을 유지한다는 차원에서는 벌채와 개간을 하는 농경민보다는 유목민에게 정복당하는 편이 낫다는 의미이기도 합니다. 그래도 전체적으로 보면 농경민의 왕조가 더 오래 지속되었기 때문에 중원의 산림자원은 점점 부족해져 간 것이지요.

다만 중국에서는 이 무렵부터 석탄을 이용하기 시작했어요. 그것도 코크스를 사용해 더 강한 화력을 끌어냈던 것 같습니다. 덕분에 목재의 고갈이라는 상황을 극복하고 엄청난 양의 에너지를 사용할 수 있게 되었습니다. 그렇게 되면 금속의 대량생산이 가능해집니다. 즉, 농기구와 무기의 생산이 쉬워지므로 농업 생산력과 전쟁 능력도 더욱 향상되는 것이지요.

당송 변혁이 바꾼 중국 사회 ② - 경작지와 인구의 증대

게다가 당시는 온난화의 영향도 있었기 때문에 농산물의 생산이 크게 증대했습니다. 특히 이 시기에는 농기구의 진화와 더불어 토목기술, 농업기술도 발달했습니다. 그래서 저습지를 논으로 개량해 생산면적과 생산량도 비약적으로 증가시킬 수 있었습니다. 그리고 이를 위해서는 흙과 물을 관리하는 배수시설이나 간척 시설이 필요하고, 많은 양의 물을 통제할 수 있어야 합니다.

이전에는 고지나 건조지로 물을 끌어와 경작했기 때문에 농지는 한정되어 있었습니다. 그러나 이런 관개농업은 넓은 땅보다는 협소한 땅에 적당할 뿐 아니라 아무래도 물이 부족할 수밖에 없기 때문에 생산력은 한계에 달하게 됩니다.

다만 저습지를 농지로 사용할 수 있게 되면 농지가 크게 확대됩니다. 그에 따라 인구도 급증해 갔습니다. 그 추이를 나타내고 있는 것이 〈도표 4-2a〉입니다.

중국의 인구 동태 도표 4-2a
(백만)명
600
500
400
300
200
100
0
BC200 AD1 150 300 600 750 850 1000 1100 1200 1300 1400 1500 1600 1700 1800 1900 1950 (년)
진 한
삼국 육조
수 당
송 원
명
청

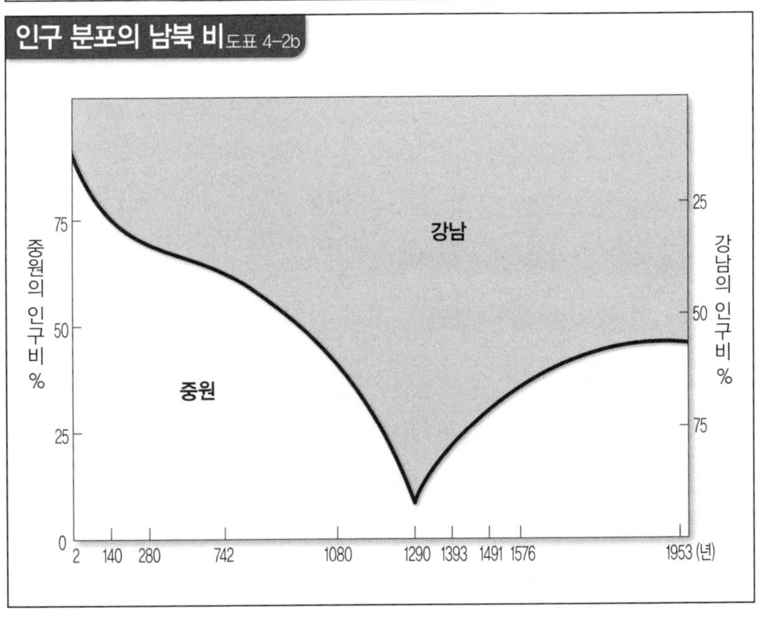
인구 분포의 남북 비 도표 4-2b
중원의 인구비 %
강남의 인구비 %
75
50
25
0
강남
중원
2 140 280 742 1080 1290 1393 1491 1576 1953 (년)

과거를 돌이켜 보면, 3~4세기 삼국시대와 육조시대(六朝時代, 한나라 멸망부터 수나라 건국까지 강남에 들어선 왕조 시대를 가리킴) 무렵에는 한랭화에 의해 인구 증가도 침체되어 있었습니다. 그것을 남방의 개발 등을 통해 보완하고 회복한 것이 수나라와 당나라였습니다.

'5대 10국'의 10세기는 전란의 시대였으므로 농업 생산성이 보합세, 혹은 하락세였으나 송대에 들어와 차원이 다른 수준으로 상승하고 있음을 알 수 있습니다. 온난화와 기술 혁신, 생산력의 향상, 거기에 평화로운 시대가 인구 증가에도 크게 공헌한 것은 틀림없습니다.

〈도표 4-2b〉는 〈도표 4-2a〉와 맞물리는 인구의 남북 비를 나타낸 것입니다. 기원후 2년인 한나라 시대를 보면 인구의 80%가 중원에 몰려 있었습니다. 그러나 한랭화의 시작과 함께 인구가 남쪽으로 옮겨 살게 되면서 당나라 말기에는 강남에 사는 인구가 50% 가까이에 달하게 되었습니다.

송나라에 이르러서는 그 추세가 더욱 가속화됩니다. 사실 이 정도로 강남이 많은 인구를 거느리게 된 것은 장강 하류의 개발과 그에 따른 쌀 경작지의 확대 덕분입니다. 벼농사는 단위 면적당 가장 많은 인구를 먹여 살릴 수 있습니다. 그런데다 장강 유역의 기후는 비가 많이 오고 고온다습합니다. 벼농사를 짓기에는 최적의 환경인 셈이지요.

세상이 변하면서 왕조의 지배체제도 바뀌게 됩니다. 수 · 당까지는 호족과 귀족으로 불리는 문벌이 지배층이었습니다. 그러나 송대에 이르러서는 개인의 능력을 우선시하는 관료제가 정착되기 시작합니다. 관료의 등용문으로 유명한 과거제도도 이 무렵부터 시작되었습니다.

'당송 변혁'이 바꾼 중국 사회 ③ - 화폐경제의 성립

그리고 또 하나, 금속 생산력의 향상으로 화폐를 만들어 보급하기 시작한 것입니다. 통화 유통의 증가가 경제 발전에 크게 이바지한 것은 틀림없을 것입니다. 화폐는 당나라 때부터 만들어졌는데, 〈도표 4-3〉이 당나라의 건국 기념으로 만든 개원통보(開元通寶, 개통보라고도 하며 당나라 4년에 만들었다)입니다.

개원통보 도표 4-3

개원통보는 구리로 만들어진 원형에 네모난 구멍이 뚫린 것이 표준이며, 그 모양이 약 1,000년가량 지속됩니다. 전(銭), 동전(銅銭) 등으로 불리기도 합니다.

'5대 10국' 시대 후 5대의 마지막 왕조인 후주(後周)로부터 정권을 이어받은 송(宋) 왕조도 이 금속 화폐를 대대적으로 주조하고 발행하게 됩니다. 형태가 바뀌지 않아서 '송전(宋錢)'이라고도 불렀습니다. 당시의 발행량이 너무 방대하다 보니 오늘날에는 골동품으로서의 가치가 없다고 할 정도입니다.

어떻게 보면 대규모 발행이 가능하게 할 정도로 당시 구리나 철과 에너지의 생산이 풍부했다는 증거이기도 합니다.

이런 대규모 보급의 배경에는 송 왕조의 계산도 있었습니다. 당송 변혁 초기에는 세금을 현물이나 노동으로 징수하기도 했습니다. 이것을 조금씩 화폐로 바꿔 나간 것입니다. 이렇게 거둬들인 엄청난 화폐 일부를 송 왕조는 용병을 고용하는 데 사용했습니다. 유입되는 유목민을 병사로 고용할 때 월급을 곡식 등으로 지불하는 것보다 화폐가 편리했기 때문입니다.

아마도 상업인들의 노하우를 도입했을 수도 있겠지요. 또, 유목민 입장에서도 무엇으로든 교환할 수 있는 화폐로 받는 것이 편리했을 겁니다. 이것도 화폐경제 보급 확대에 크게 기여했습니다.

다만 동전 한 닢의 가치는 그다지 크지 않았습니다. 그래서 동전의 구멍에 실을 꿰어 수백 개씩 묶어 사용해야 했습니다. 이는 일상의 매매나 소액 거래에는 불편하지 않지만 거래 금액이 커질수록 무겁고 불편해집니다.

또, 송대에 이르러서는 동전의 재료가 되는 구리도 고갈되기 시작했습니다. 철로 대체한 적도 있지만, 구리보다 가치가 낮아서 거래할 때마다 많은 양이 필요하게 되니까 너무 불편해서 널리 보급되지 않았습니다.

그래서 고안된 것이 지폐입니다. 동전 1,000닢의 가치를 가진 종이 한 장을 만든 것, 이것이 바로 인류 최초의 지폐였습니다. 그런데 이것이 성공적으로 정착하지는 못했습니다. 실패로 끝난 것은 무엇보다 신용 문제 때문입니다.

가볍고 편리했기 때문에 일단 유통이 되었고, 남송이나 금에서는 정부가 정책적으로 장려하기도 했지만, 영속적으로 확산되지 않은 것입니다.

귀금속보다 압도적으로 가치가 낮은 종이를 돈으로 유통하려면 액면 가치를 유지하기 위해 그에 상응하는 신용이 필요하고 또한 유통량도 일정하게 조절해야 합니다.

그러나 역대 정권은 그 신용을 유지할 수 없어 혼란을 일으키는 일이 많았습니다. 재정적으로 어려워지면 지폐를 남발해 혼란을 가중시켰습니다.

그래서 지폐가 널리 보급되는 것은 보다 먼 훗날 이야기입니다. 그래도 이 시대에 화폐경제가 크게 진전된 것은 틀림없습니다. 이 시기에 구리와 철에 이어서 그것을 대체하는 금과 은이 사용되었고, 동시에 지폐도 일부 유통되었으니까요. 이렇게 화폐경제에 대한 기본적인 실험을 끝냈다고 할 수 있습니다.

당송 변혁이 바꾼 중국 사회 ④ - 상업화의 진전

동전은 당나라 때도 있었지만 노동력 강화와 농업 생산 회복이 경제 활동의 주요 목표였기 때문에 거의 쓰이지 않았습니다.

반면 송나라에서는 농업 생산력의 회복과 증대에 힘입어 인구도 크게 증가했습니다. 그랬기 때문에 화폐 보급은 잉여생산물을 교환하는 상업화를 크게 진전시켰고, 교환경제의 윤활유 역할을 하면서 국가 경제를 성장시켰습니다. 그러한 동향은 그들의 재정정책에서부터 확인할 수 있습니다.

송 왕조는 소금 매매에 세금을 부과했습니다. 앞에서도 언급했듯이 소금은 인간에게 생존의 필수품이지만 중국 전역에서 이를 생산할 수 있는 곳은 양주(揚州) 주변 등 극히 일부 지역입니다.

그렇기 때문에 아무래도 상거래의 수단으로도 높은 가치를 인정받았습니다. 또, 인구가 많으니까 거래량이 방대한 반면 매매에 종사하는 사람과 판로가 한정되어 있었기 때문에 세금을 부과하거나 거두기도 쉬웠습니다. 하지만 여기에 원가의 수십 배나 되는 세금을 부과한 것은 '악마의 지혜'였다고 할까요?

덧붙여서 소금의 징세 · 전매 제도를 염정(鹽政)이라고 하는데, 송나라에서 비롯된 이야기는 아닙니다. 옛날 한(漢)나라 때는 소금과 함께 생활필수품인 철에도 세금을 부과해서 그 잘잘못을 따지는 '염철론(鹽鐵論)'이라는 기록이 나오기도 했습니다. 이것이 제도화된 것은 당나라 후반기이며, 당나라는 염철전운사(鹽鐵轉運使)라는 관직을 따로 두고 세금을 징수하기도 했습니다.

'5대 10국' 시대에 양주를 수도로 하여 주요 소금 산지를 거느린 오나라와 그 뒤를 이은 남당(南唐)이 이 염정을 효율적으로 이용했습니다. 두 나라의 재정이 꽤나 풍족했던 것도 그 때문입니다. 송나라는 남당의 시스템을 답습한 셈인데, 이렇게 재정 위주로 상업을 일으켜 화폐를 유통시킨 결과 화폐경제와 상업화가 민간으로도 확산했습니다.

소금의 전매(專賣)제도는 권력과 밀접한 관련이 있지만, 다른 상업도 많든 적든 과세의 대상이 되었습니다. 이것을 '상세(商稅, 상품에 간접세를 붙여 거두는 이익금)'라고 합니다. 이 상세와 토지세가 정부 세수의 두 축이었습니다.

당송 변혁이 바꾼 중국 사회 ⑤
- 도시화의 진전

아무리 정부가 주도했다고 해도 상업화가 진전되면, 민간의 역량도 함께 증대하게 됩니다. 그 지표가 되는 것이 도시화라고나 할까요. 앞에서도 말씀드렸지만, 중국의 취락은 삼국시대 이후 정치 및 군사를 담당하는 성곽 도시와 경제 및 생산을 담당하는 촌락으로 나뉘어 있었습니다. 그런데 당송 변혁을 통해서 세 번째 취락이 형성됩니다. '진(鎮)'이라든가 '시(市)'가 그것입니다.

시(市)는 글자 그대로 시장(市場), 그러니까 매매나 거래가 이뤄지는 장소로, 그곳에는 사람이 모입니다. 3장에서 소개한《장안의 봄》에도 등장하는 바와 같이 도성 내부에는 시(市)가 설치되어 있었는데, 도성이 작은 규모라면 성의 안으로만 국한되지는 않았습니다.

처음에는 농촌에서 수확한 잉여물을 교환하는 정기 시장이었겠지만, 그 개최가 빈번해져 지속적으로 자리 잡으면 훌륭한 상업 도시가 됩니다. 말하자면 성곽을 갖지 않으면서 촌락이나 농촌도 아닌 거래 중심의 공간인 셈이지요.

'진(鎮)'은 진압(鎮圧)한다고 쓸 때의 '진' 입니다. 본래 군사용어입니다. 하지만 군수물자 조달이라는 측면에서 시장의 의미를 가진 명칭이 되어 '시(市)'와 같은 의미가 되었습니다. 그래서 '시진(市鎮)'이라는 용어도 생겨났습니다.

성곽 도시에 부속되거나, 그 주위의 위성도시로서 시진(市鎮)이 형성되는 경우가 많았습니다. 송나라 수도 개봉(開封)은 그런 상업 구역과 번화가가 성장해 100만 인구를 거느린 대도시가 되었습니다.

상업화의 진전은 또한 도시화도 촉진시켰습니다. 이러한 송나라 대의 경제성장은 고려와 일본에도 무역을 통해 많은 영향을 미쳤습니다.

북방 5대 왕조와 남방 10국의 '5대 10국' 시대

시간의 순서로는 이야기가 뒤바뀌는데, 이쯤에서 '5대 10국' 시대부터 북송 정권이 탄생하기까지의 정치적 과정을 살펴봅시다.

'5대 10국' 시대 최북단에 있던 요(遼)는 유목민인 거란계 왕조였습니다. 그 남쪽의 산서성(山西省)에 위치하고 있던 것이 진(晋)으로, 사타(沙陀, 당나라 시기 텐샨산맥 일대에 자리 잡았던 투르크계 유목민)계 유목민 출신의 정권입니다.

5대는 화북(華北)의 중심을 지배한 정통 왕조로 볼 수 있는 양(梁:後梁)·당(唐:後唐)·진(晋:後晋)·한(漢:後漢)·주(周:後周)를 말하는데, 이들 5왕조가 번갈아 중원 전체를 지배한 것이 바로 5대입니다. 즉, 중원은 유목계 왕조의 지배를 받고 있었던 셈이지요. 그 당시 유목민들이 뒤엉켜 농경민과의 대립과 항쟁도 잦았는데, 거란의 침입으로 중원 전체가 지배를 받은 시기도 있었습니다. 그런데 당송 변혁기의 경제 발전에는 그런 유목 국가들도 예외 없이 포함되었습니다. 그 덕분에 부국강병을 추구한 이들의 군사력도 우월해지게 된 것이지요.

한편, 남쪽에 자리 잡은 열 개 나라에서 주목할 곳은 절강성(浙江省)이 있는 오월(吳越)입니다. 그중 특히 주목해야 할 곳은 '장강 델타'라고 불리는 삼각주 지역입니다. 이곳은 훗날 상해(上海)가 탄생한 곳인데, 저습지의 충적평야였습니다. 이전엔 집단적인 농사를 좀처럼 짓기 어려웠지만, 오월 시대에 배수 공사를 시행함으로써 일부를 논으로 바꾸는 데 성공했습니다. 이후 이곳은 중국에서 가장 부유한 지방이 되었습니다.

참고로 오월은 남쪽 열 개 나라 중에서 끝까지 살아남은 곳입니다. 그만큼 평화롭고 풍요로운 나라였습니다. 그 북부에 위치한 오(吳, 후의 남당)가 10개국 중 최고의 강대국인데, 수도인 양주의 소금 유통을 장악함으로써 발전했습니다.

에너지혁명에서 소개한 석탄은 주로 산서성에서 생산되었고, 염색을 하거나 가죽을 무두질할 때 쓰는 명반(明礬, 일명 백반)도 생산했습니다. 그 외에도 향료나 차의 생산까지 활발해져서, 지역별 특산물이 대거 유통되기 시작했습니다.

그래서 송대에는 명반이나 차가 소금과 마찬가지로 정부의 전매 대상이 되기도 했습니다. 중국의 대명사가 된 도자기의 경우는 장강 남쪽의 경덕진(景德鎭)이 대표적인 생산지였지요. 이렇게 각기 다른 특산품들이 각지에서 생산되고 있었던 것입니다. 경제 개발이 다원적으로 진전된 시대였다고 할 수 있겠지요.

송 왕조는 군주제와 관료제의 이원 체제를 도입

단, 이렇게 블록이 난립하다 보면 지역 개발에는 유리할 수 있지만, 서로 갈등과 분쟁이 잦아지면서 전쟁이 발생하기 쉽습니다. 이를 해소하기 위해서는 각 블록의 이해를 조정하고 통합해 공존시킬 수 있는 정치체제가 있는 편이 좋습니다. 그래서 나름대로 해답을 내놓으려고 한 것이 송 왕조였습니다. 구체적으로는 관료제와 군주독재라는 이원 체제를 도입한 것이지요.

당(唐)대에는 율령제(律令制)를 시행했습니다. 특히 노동력을 동원하는 데 전념했고, 그러기 위해서 사람을 형법과 행정으로 묶어두었습니다. 어쩔 수 없는 경우에만 예외를 인정했습니다. 그 대표적인 사례가 바로 '영외관(令外官, 규정에 없는 관직)'입니다. 대체로 '사(使)'라는 글자가 붙는 관직이 많아 '사직(使職)'이라고 총칭하고 있습니다.

그런데 국내외의 변화에 대응하다 보니 어느새 영외관만으로 통제할 수 없게 되었습니다. 군사를 장악한 군벌로서 각지에서 할거한 절도사가 대표적입니다. 그들에게 권력이 집중되면서 궤도를 이탈하자 당나라는 무너지고 '5대 10국'이 명멸하는 전란의 세상이 된 것이지요. 무신들이 왕조를 만들고 지배권을 장악한 시기였습니다.

그래서 송 왕조는 영외관들의 관리 계통을 통일해 모두 관료화했습니다. 그리고 시시각각 변하는 각지의 문제를 각 지방에서 대응하도록 맡겼습니다. 다만 중앙 정권은 이들과의 공존을 도모하기 위해 각 지방의 요구를 받아들인 후 최종적으로 정리하는 역할을 담당했습니다. 또, 군사력을 지방에 두면 '5대 10국'과 같은 형태가 될 수 있기 때문에 군사 지휘권과 결정권을 모두 중앙정부의 통제 속에 두었습니다.

'전연지맹'으로 유목 국가 거란의 군사침략을 방지

앞서 말씀드렸듯이 '5대 10국' 시대부터 북방을 지배한 유목 국가 거란은 중원의 왕조에는 가장 큰 군사적 위협이었어요. 농경 국가인 송나라도 다르지 않았습니다. 당송 변혁의 경제 발전으로 경제력은 압도적으로 웃돌았지만, 군사력에서는 당할 수 없었던 것이지요.

이에 대한 대응으로 각 지방에 군사를 맡기는 방법도 있었지만, 앞서 말한 대로 그렇게 하면 정치적으로 분열될 우려가 있었습니다. 그래서 중앙정부에 군사력을 집중시켜 관리했던 것입니다. 그러고 나서 문민 통제력을 철저하게 유지하기 위해서는 군사력 자체를 낮은 수준으로 유지해 둘 필요가 있었습니다. 그래서 송나라는 강력한 기마군을 갖지 못했다고 합니다. 거란의 기마군에게 밀리기만 했던 이유가 있는 것이지요.

그래서 중국 중심 사관에서 본 송나라는 당나라와 달리 역사상 가장 문약한 시대였다고 평가받을 수 있습니다. 실제로 송나라는 거란이 쳐들어와도 지고, 반대로 거란으로 쳐들어가서도 졌습니다.

하지만 그것은 군사력 중심의 일방적인 시각이고, 송나라는 오히려 가장 풍요롭고 평화로웠던 시대로 평가할 수 있습니다. 왜냐하면 결정적으로 공격당하지 않도록 공존을 꾀하는 방법을 썼기 때문입니다. 단적으로 말하자면 가장 큰 무기인 경제력을 사용해서 거란을 잘 구슬린 것이지요. 이것이 '전연지맹(澶淵之盟, 북송과 요의 조약)'입니다.

앞서 보았듯이 수나라 때 강남에서부터 황하 유역에 걸쳐 대운하가 만들어졌습니다. 그러나 운하와 강은 높낮이에 상당한 차이가 있기 때문에 합류하기 전, 강에서 실어 온 여러 가지 물건들을 일단 배에서 내리고 다시 실어야 할 필요가 있습니다. 그 물자 집산의 거점이 된 것이 강남을 잇는 운하와 황하의 교차점에 있는 개봉이라는 도시로, '5대 10국'에서부터 송나라 때까지 수도가 되었습니다.

수와 당의 수도였던 낙양과 장안은 산속 분지에 있었지요. 그런데 수도야말로 관료들을 비롯해 상품의 소비자가 가장 많이 살고 있다는 점을 생각하면 '5대'와 송나라는 모두 효율과 경제를 우선시한 셈입니다.

물론 군사적인 면에서 볼 때는 다릅니다. 징병제를 통해 강인한 군사를 모으려면 산골이 유리했을지도 모릅니다. 하지만 돈으로 병사를 고용하려면 아무래도 경제도시가 편리하지요.

그 개봉의 북쪽에 있는 것이 전주(澶州, 현 허난성 푸양현)라고 불리는 도시였습니다. 전연은 전주를 고풍스럽게 부르는 표현입니다. 만약 거란이 이곳으로 쳐들어온 후 황하를 건너면 개봉은 금세 함락될 처지에 놓입니다. 전주는 그런 요충지였습니다. 실제로 거란은 전주를 함락시키고 개봉을 공략한 적도 있습니다. 그때는 성문을 여는 데 실패하고 북쪽으로 철수했지만, 다시 공격해 오지 않는다는 보장이 없었습니다.

그래서 송나라는 거란과 강화하는 길을 택합니다. 거란이 쳐내려왔을 때 당시 황제였던 진종을 이곳까지 데려와 위험성을 인식시킨 후 결단을 내리게 한 것입니다. 그것이 '전연지맹'입니다. 1004년의 일이었습니다.

송의 경제력과 금의 군사력이 분업과 상생으로 공존

이 강화에서 결정한 것은 먼저 대등한 교제를 한다는 것입니다. 송나라가 형이고 거란이 동생인 관계입니다. 송나라는 군사적으로 열세지만 체면을 유지하려고 노력했습니다. 원래 황제는 천자이고, 천자는 글자로만 해석한다면 천하에 한 사람밖에 없지만 거란의 황제와 송의 황제가 형제로 공존하게 된 것입니다. 유교와 한자에 있어 종주국을 자부하던 송나라의 입장에서 이것은 굴욕적인 일입니다.

11세기의 유라시아 동부 도표 4-4
카라한 왕조
발라사군
비슈바리크
고창
서위구르
사주
토쿠스 타타르
서하
감주
중흥부
하주
거란
상경
중경
동경
여진
고려
개경
서경
연경
태원
전주
개봉
경조
강녕
항주
북송
티베트
대리
대월

또, 송나라에서 거란으로 매년 비단을 보내게 되었습니다. 이것을 '세폐(歲幣)'라고 합니다. 양자 간에는 현격한 경제 격차가 있었기 때문에 이것은 일종의 경제 원조 같은 것이라고도 생각할 수 있습니다. 하지만 침략당하지 않기 위해 바치는 공물로 볼 수도 있기 때문에 역시 송나라 안에서도 굴욕적으로 느낀 사람들이 많았던 모양입니다.

하지만 이로 인해 거란이 언제 쳐들어올지 모른다는 상황은 피할 수 있었습니다. 거란으로서도 군사력을 쓰지 않고 송나라에서 물자를 받을 수 있었기 때문에 불평할 이유가 없었습니다. 즉, 유목 국가의 군사적 후원을 받아 경제 발전을 거듭할 수 있는 시스템을 구축한 셈이지요. 군사 · 정치의 강자와 경제 · 문화의 강자가 서로 분업과 상생의 관계를 확립했다고 볼 수 있습니다.

당시 송나라 주변에 있던 나라는 거란뿐만이 아니었습니다(〈도표 4-4〉). 그래서 송나라는 거란뿐만 아니라 북서부에 위치한 유목 국가인 서하와도 비슷한 관계를 맺었습니다.

다만 송나라와 서하 사이에는 여러 이해관계가 있었기 때문에 거란과 완전히 같지는 않습니다. 어쨌든 이 같은 외교관계가 성공을 거두면서 송의 체제는 안정을 이뤘습니다. 이것을 학계에서는 '전연체제(澶淵体制)'라고도 부릅니다. 일종의 다자 공존체제라고 할 수 있겠네요.

대체로 중국이라고 하면, 이른바 중화사상을 내세우면서 자신 이외의 대등한 존재를 인정하지 않는 듯한 이미지가 있습니다. 하지만 그런 시대는 오히려 드물었고 대부분의 시대에는 주변의 여러 나라와 공존을 도모했습니다.

송나라 때도 그렇지만 당나라 때도 마찬가지이고, 그 이전 삼국시대와 육조시대에도 마찬가지입니다. 분명히 중화사상의 이념은 계속 존재하고 있었다고 생각합니다만, 그것을 현실의 체제로 만드는 것은 전혀 별개의 문제였겠지요.

영미권 연구자들은 이런 상황을 '대등한 나라 속의 중국(China among Equals)'이라고 칭하고 있습니다. 중국과 주변국을 차별하는 중화사상과 달리 사실은 주변국을 대등한 관계로 인정하던 시대가 있었다는 것입니다.

만약 이 상태가 오래 지속되었다면 유럽의 베스트팔렌 체제와 같은 시스템이 생겼을지도 모릅니다. 유럽 각국이 30년전쟁을 거쳐 베스트팔렌 조약(Peace of Westfalen, 30년전쟁을 끝마치며 유럽 각국이 서로 맺은 조약)을 체결한 것은 17세기이므로 매우 선행적인 움직임이라 할 수 있겠지요. 서양에서 이것을 바탕으로 대등한 국제관계를 형성했던 것처럼 아시아에서도 그러한 가능성이 있었다고 할 수 있습니다.

하기야 기본적으로는 중화사상의 나라였던 만큼 송나라 사람들이 결코 그런 상황에 만족했던 것은 아닙니다. 그것을 상징하는 것이 바로 진회(秦檜, 금나라에 더 이로운 합의를 하고 세폐를 바쳐 많은 원성을 샀다)라는 재상에 대한 후대의 평가입니다.

송나라는 12세기 전반, 북쪽 퉁구스계의 여진족이 세운 금 왕조에 개봉을 빼앗기고, 남하해 임안(臨安, 현재의 항저우)을 수도로 정합니다. 이후 송나라는 남송이라 불리는데, 그 체제 확립에 진력한 것이 진회입니다.

진회는 금과의 화친을 주장하며 남송의 체제 유지를 꾀했습니다. 금의 막강한 군사력에 무리하게 대항하려면 최전선에 군대를 배치해야 하고, 그것은 송나라 특유의 군주독재체제를 위태롭게 합니다. 당시 국내 정치와 국제관계에서의 힘의 균형 등을 감안하면 이는 정치인으로서 현실적인 판단이었다고 생각합니다.

그런데 진회는 중국사에서 매국노, 저열한 인간, 용서할 수 없는 인물로 성토되고 있습니다. 그의 사후에 세워진 조각상에도 침을 뱉거나 조각상을 채찍으로 때리기도 합니다. 중화사상으로 본다면 그가 추구한 외교정책은 너무나 굴욕적인 태도로 비난받아 마땅한 것이었겠지요.

송대에 오늘날 중국문화의 원류가 탄생하다

어쨌거나 중국사에서도 극적인 변화가 일어난 것이 이 시기입니다. 온난화와 함께 경제 발전이 진행되어 정치적으로는 사회의 다원화에 대한 대응을 서둘렀습니다. 그 결과, 인구가 급속히 증가했습니다. 당나라 때와는 확실히 차원이 달라진 셈이지요. 그래서 오늘날 중국사에서 가장 비중 있게 다루고 있는 시기이기도 합니다.

어쨌든 인구가 늘어났다는 것은 사회가 풍요로워졌다는 것을 확인하는 가장 확실한 증거입니다. 그에 따라 자연스럽게 문화와 학문도 발달했습니다. 이른바 '송학(宋學)'이라고 불리는 주자학이 탄생한 것도 이 시기입니다. 송나라는 불교를 중심으로 한 사회였는데, 그 교의를 유교에 접목한 것이 바로 주자학입니다.

그뿐만 아니라 문장도 바뀌었습니다. '사륙체(四六體, 네 글자와 여섯 글자로 만들어진 한문의 문체)'라고 하는 기교적이고 장식적인 유려한 문체가 유행하자, 한(漢)나라와 위(魏)나라 때의 소박한 문체로 돌아가자는 운동이 일어나게 되었습니다. 말하자면 중국의 르네상스이면서 이탈리아의 단테와 페트라르카에 필적하는 문인들이 등장한 것입니다. 문벌 사대부의 글쓰기를 벗어나 고문이라는 새로운 문체운동을 벌인 대표적인 문인 여덟 명을 '당송 팔대가'라고 합니다.

이 중 한유(韓柳)와 유종원(柳宗元) 두 사람은 당나라 말기에 살았던 인물로 후대에 귀감이 되었습니다. 특히 한유는 주자학의 원류를 창조한 사람이기도 합니다.

다른 여섯 명은 송나라 사람인데, 그중 세 명인 소순(蘇洵), 소식(蘇軾), 소철(蘇轍)은 한 가족입니다. 참고로 소식은 소동파라고도 했고, 돼지찜 요리(동파육)를 만든 인물로도 유명하지요. 남은 세 사람은 왕안석(王安石), 구양수(歐陽修), 증공(曾鞏)입니다. 모두 정치가로도 입신한 당대의 유명한 사람들입니다만, 우리가 평상시 읽는 중국 문학이나 역사서에서도 그들의 작품은 명문장으로 꼽힙니다. 소식은 시문, 구양수는 역사가 유명한데 한문을 배우는 경우에도 문장의 전범(典範)으로서 배우게 되는 것이 일반적입니다.

그리고 또 하나, 화력(火力)의 향상과 발전으로 이른바 중화요리의 원류가 태어난 것도 이 시기입니다. 즉, 송대는 중국에 있어서 확실한 전환기이며, 오늘날의 중국문화의 기반을 구축한 시기이기도 한 것입니다.

몽골족이 초원 지대의 새로운 지배자로 등장

하지만 이러한 공존체제에 근거하는 다원화의 시대는 그리 오래가지 않았습니다. 유목민이 살고 있는 초원 세계의 상황이 달라졌기 때문입니다. 동쪽이 강해지면 그에 따라 일부 세력들이 서쪽으로 밀려나게 되는 것이 기본입니다. 4장의 첫머리에서 말했듯, 위구르의 서진(西進)이 그 제1파였지요. 그리고 제2파가 거란의 이동입니다.

11세기의 지도 〈도표 4-4〉와 12세기의 지도 〈도표 4-5〉를 비교하면, 11세기에 '카라한조 · 서위구르국'이라고 한 중앙아시아 지역이 12세기에는 '카라 키타이(서요)'로 되어 있는 것을 알 수 있습

12세기의 유라시아 동부 도표 4-5

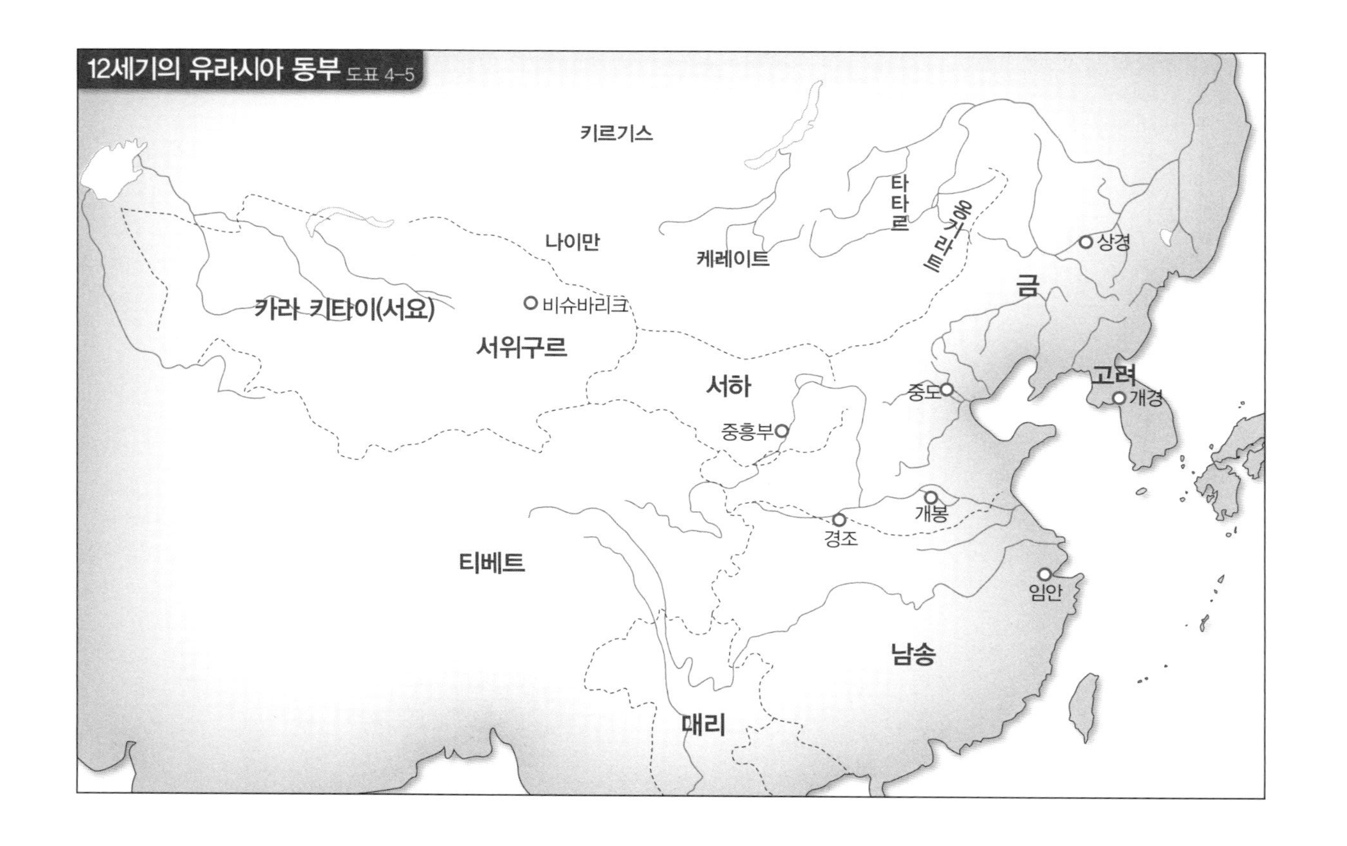

니다. '서요'란 거란(요)을 말합니다. 한 세기 후에는 이곳 서쪽으로까지 세력을 확장하고 있었던 셈입니다.

그렇다면 그들은 왜 서쪽으로 이동했을까요? 그것은 동쪽에서 세력을 키운 퉁구스계의 금나라에 쫓겼기 때문인데, 위구르와 같은 루트를 따르고 있습니다.

원래 거란과 위구르 모두 유목민으로 동쪽에 거점을 두고 있던 무렵부터 서로 긴밀한 관계를 맺고 있었습니다. 이 관계는 앞서 말한 소그드인과 돌궐의 경우와 마찬가지입니다. 거란의 왕족인 야율 씨는 위구르계의 샤오 씨를 왕비로 맞아들이는 것을 정략결혼의 기본으로 했다고 하니까요.

위구르는 서쪽으로 이동하면서 소그드인과 하나가 되어 일종의 경제 네트워크인 '재벌'을 형성하고 있었습니다. 거란은 그 위구르와 사돈이 되는 셈이었으니, 이렇게 상업 세력과 유목민의 제휴는 계속 이어지고 있었습니다. 금 왕조에 쫓긴 거란은 위구르를 의지하며 서쪽으로 이동했을 것으로 추정됩니다.

반면 금 왕조의 퉁구스계 민족은 원래 수렵민의 성격이 강했고, 그 당시에는 초원에 전면적으로 세력을 확장하지는 않았습니다. 그래서 중국 북부 초원에는 일부 공백 지대가 생겼습니다. 그 자리를 놓고 부족 간의 다툼이 격화되고 중재자도 나타나지 않는 일대 혼란에 빠지게 됩니다. 그 혼돈 속을 뚫고 등장한 것이 바로 대제국을 이루는 몽골 부족입니다.

그 몽골 부족과 가장 먼저 결합한 것이 상업 민족인 위구르인이었습니다. 이들이 몽골을 서쪽으로 이끌면서 칭기즈칸의 서정(西征)이 시작된 것이지요. 가령 12세기 지도에 그려진 키타이는 그 북쪽에 있던 나이만(알타이산맥 일대에 할거한 투르크계 유목민족)에 의해 멸망합니다. 칭기즈칸은 그 원수를 갚는다는 명목으로 이 땅에 진출했습니다.

언뜻 보면 도무지 합당한 이유를 찾을 수 없는 명분이지만, 실은 이것도 위구르 상업 세력이 부추긴 결과였는지도 모릅니다. 즉, 몽골 약진의 뒤에는 중앙아시아의 상업 세력이 있었다는 것이지요. 그들이 역사의 물줄기를 바꾼 것입니다. 그것이 바로 초원 세계와 중앙아시아뿐만 아니라 훗날 중국사에도 지대한 영향을 미치게 되는 것입니다.

5장

몽골제국과 세계의 대변혁

A BRIEF HISTORY OF CHINA

칭기즈칸이 유라시아의 초원과 농경 지역을 통일

칭기즈칸이 즉위한 것은 13세기 초인 1206년이었습니다. 그로부터 14세기 말에 이르는 200년 남짓을 세계사에서는 '몽골 시대'라고 부르고 있습니다.

몽골제국의 출현은 그만큼 역사의 대전환기였다고 합니다. 혼다 미노부(本田實信, 몽골 연구의 최고 권위자로 《쿠빌라이의 도전》으로 산토리 학예상을 수상했다) 선생은 저 《몽골 시대사 연구》에서 몽골제국의 판도 확대 추이를 여덟 장의 지도로 정리하고 있습니다. 그중 넉 장을 뽑아 〈도표 5-1~4〉로 정리했습니다. 시대별로 몽골제국이 확장하는 모습을 볼 수 있습니다.

〈도표 5-1〉에서 보듯 동아시아 초원 지대인 몽골고원에서 일어난 몽골 부족은 칭기즈칸이 죽을 때까지 약 20년 동안 중앙아시아,

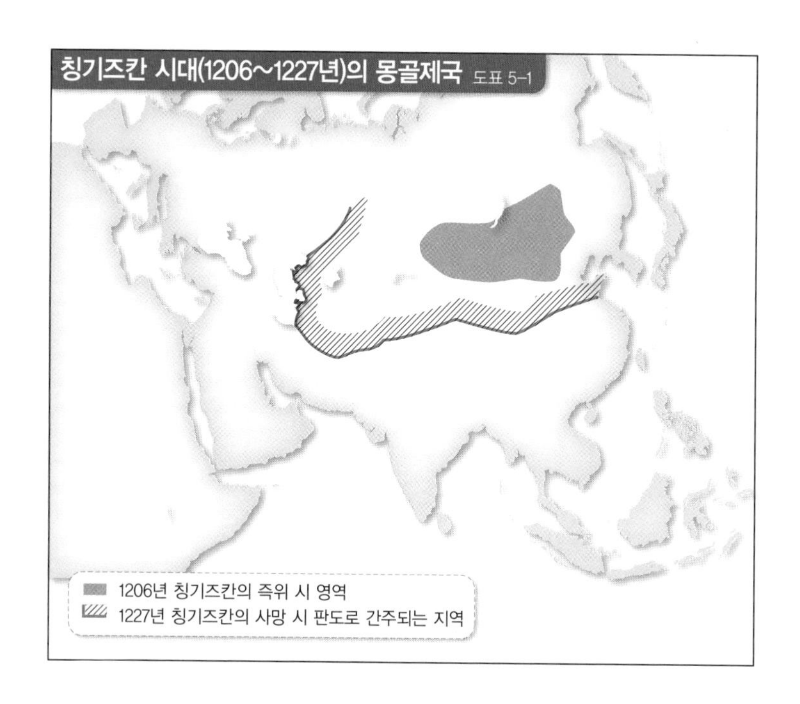

서아시아의 초원과 건조 지역을 제패했습니다. 처음에는 그 일대에서 유목민과 대치하던 정도였지만, 투르크계 위구르인과 이란계 무슬림을 포섭하면서 서쪽으로 크게 세력을 전개해 유라시아의 주요 초원 지대를 장악했습니다. 이것이 유라시아 정복사업의 첫 단계입니다.

〈도표 5-2〉는 13세기 중반 칭기즈칸의 아들로 뒤를 이어 대칸(大汗, 황제)에 오른 우구데이의 시대를 나타내고 있습니다. 농경을 할 수 있는 건조 지대를 완전히 제압하고 있습니다. 특히 중요한 것은 화북 전역을 지배했다는 사실입니다. 아버지가 이룩한 건조 지역

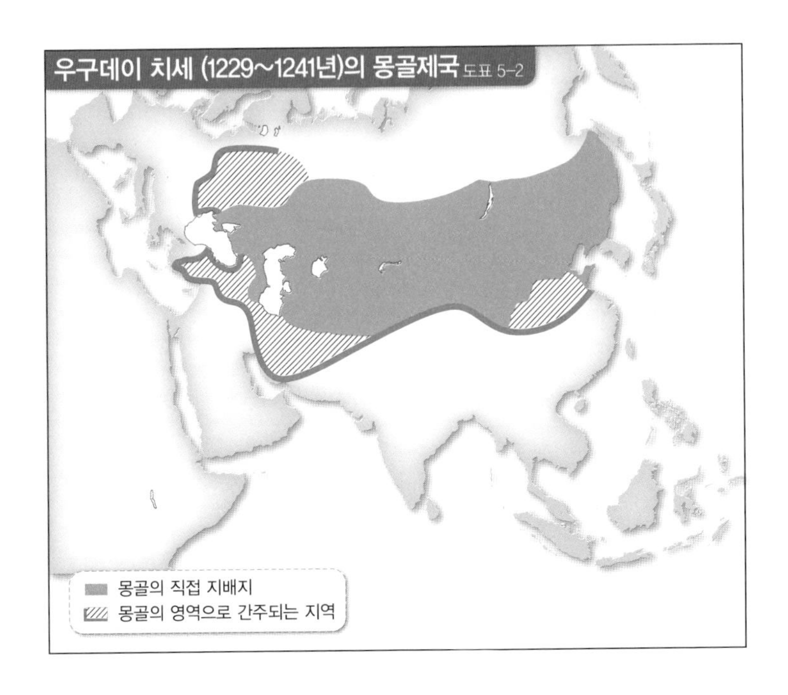

과 초원 지대의 통일을 기반으로 농경 지역까지 세력을 확대한 것입니다.

1장에서도 언급했듯이 이런 곳에서는 농경민과 유목민이 뒤섞여 시장이 형성되면서 일찍부터 문명이 발달했습니다. 몽골이 움직이기 전 동아시아의 이 지역, 즉 중원은 퉁구스계의 수렵민 여진족이 세운 금(金) 왕조가 지배하고 있었는데, 그것을 몽골이 빼앗은 것이지요.

또, 우구데이의 형 주치와 그의 아들 바투는 서쪽으로의 진출을 맡아 남러시아 초원 지대까지 제압했습니다. 그곳을 킵차크대초원

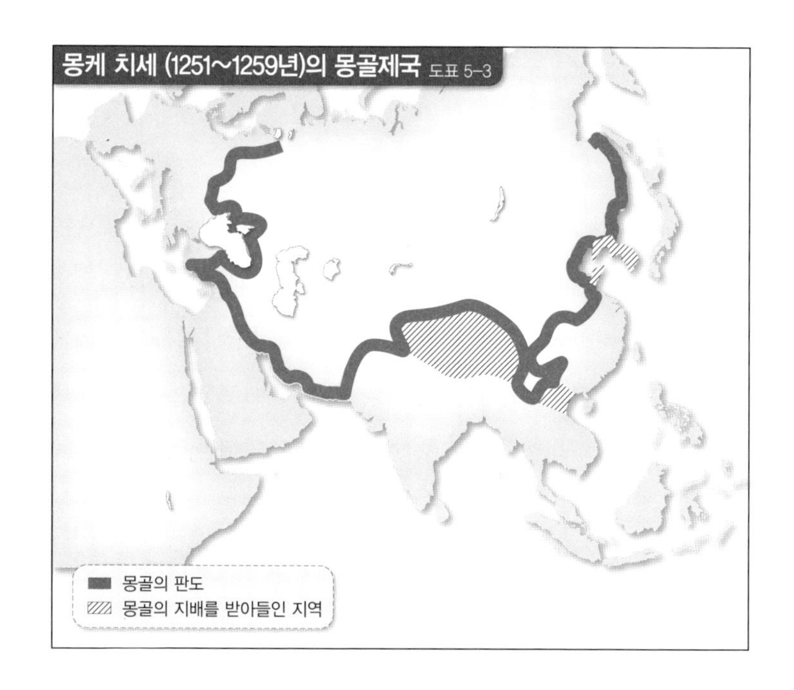

(Steppe of Kipchak, 러시아 남부의 초원 지대로 유목민의 흥망성쇠가 이곳을 중심으로 이루어졌다)이라고도 부릅니다.

원래 그곳을 거점으로 삼고 있던 것이 유목민 킵차크족이었기 때문인데, 몽골은 그들을 포섭해서 러시아와 동유럽 방면까지 진군하게 된 것이지요. 그 결과 유럽 근처까지 판도를 넓혔던 셈입니다. 이를 바투의 서정(西征)이라고 합니다. 여기까지가 정복사업의 두 번째 단계입니다.

쿠빌라이가 칸의 자리에 오르고 남송 정복을 완성

1241년에 우구데이가 죽은 후, 몽골제국 내에서는 10년에 걸친 가족 분쟁이 발발합니다. 일단 우구데이의 핏줄이 그대로 칸의 자리를 물려받았지만 반대하는 세력이 커지면서 우구데이의 동생으로서 가장 유능하다는 툴루이의 핏줄로 바뀌었습니다. 그 장남이 몽케, 차남이 쿠빌라이, 3남이 훌라구, 4남이 아릭부케입니다(〈도표 5-5〉).

1251년 칸의 지위에 오른 몽케는 그동안 정체되었던 정복사업을 재개했습니다. 서아시아와 동아시아 원정을 동시에 병행했는데, 이러한 모습을 나타낸 것이 〈도표 5-3〉입니다. 이것이 정복사업의 제3단계로, 이후 쿠빌라이의 남송 정복으로 완결됩니다. 그리고 거기서 몽골제국의 영토 확장은 중단됩니다.

이 중 서아시아를 담당한 것이 훌라구였는데, 그는 중앙아시아를 거쳐 이란 전역을 제패한 후 다시 시리아에서 서진할 기세였습니다.

한편, 동아시아 방면을 담당한 것은 쿠빌라이였는데, 금 왕조를 멸망시킨 그는 몽골령이 된 화북에서 출발해 남송의 장강 유역까지 전선을 확대했습니다. 또, 몽케 칸도 직접 남송 원정을 벌이고 있었습니다. 그런데 이 원정 도중인 1259년에 갑자기 몽케 칸이 사망하면서 제국 내에서는 칸의 계승자를 둘러싸고 다시 집안싸움이

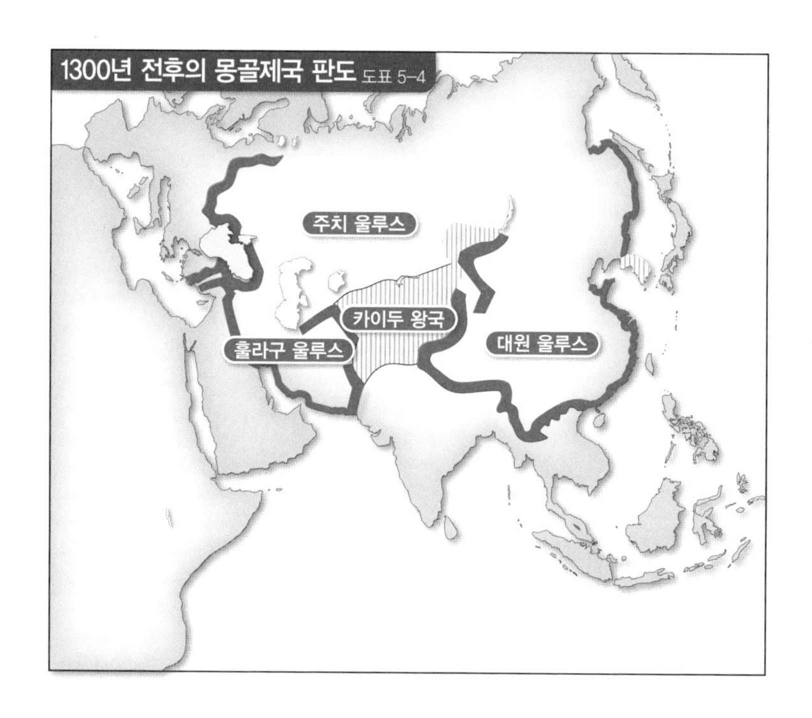
1300년 전후의 몽골제국 판도 도표 5-4
주치 울루스
카이두 왕국
훌라구 울루스
대원 울루스

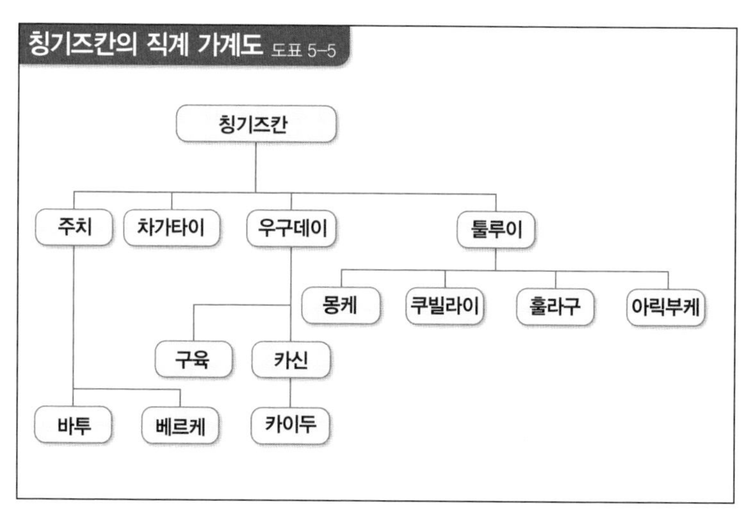
칭기즈칸의 직계 가계도 도표 5-5
칭기즈칸
주치
차가타이
우구데이
툴루이
몽케
쿠빌라이
훌라구
아릭부케
구육
카신
바투
베르케
카이두

벌어졌습니다.

그러다 이듬해인 1260년 몽골고원의 본거지에 머물고 있던 톨루이의 4남 아릭부케가 우선 몽케의 뒤를 잇는 형태가 됩니다. 하지만 차남 쿠빌라이는 승복하지 않은 채 남쪽 원정지에서 독자적으로 칸의 계승을 선언합니다. 양자의 대립은 수년간 지속되었지만 결국은 경제력과 무력에서 앞선 쿠빌라이가 아릭부케의 진영을 제압해 단독 계승자가 되었습니다.

쿠빌라이 칸 이후
몽골제국은 4블록으로 분리

한편, 몽케의 셋째 동생 훌라구는 오늘날 시리아의 수도 다마스쿠스까지 원정 중이었어요. 여기서 다시 이집트를 정복해 지중해로 나아간다는 것이 몽케와 훌라구의 계획이었습니다. 그런데 몽케가 급서하자 훌라구는 후계자 경쟁 때문에 군대를 시리아에 남겨 놓고 몽골로 되돌아갑니다. 한편, 그 잔류 부대는 당시 이집트에서 득세하던 이슬람의 맘루크 왕조의 역습을 받고 패퇴했습니다. 이후 몽골군은 다시 시리아 방면으로 발을 들여놓지 못했습니다.

또, 훌라구 역시 몽골고원까지는 너무나 먼 거리였기 때문에 후계자 경쟁에 뛰어들기는 역부족이었어요. 결국 그때까지 정복한 이란 주변에 뿌리를 내리고 독립하는 형태로 새로운 국가를 건설합니다. 그것이 〈도표 5-4〉에 있는 '훌라구 울루스'입니다.

기존 세계사 교과서에서는 이곳을 '일한국'이라고 표기했습니다. 그러나 몽골어로 '일'은 집단이고, '칸(한)'은 군주이므로 '일한국'은 '군주가 다스리는 곳' 정도의 의미일 뿐 특정 국가를 가리킨다고 보기 어렵습니다. 그래서 최근에는 '훌라구 울루스'라고 표기하고 있습니다. '울루스'는 '나라'라는 의미이므로, 확실히 '훌라구가 세운 나라'가 되는 것이지요.

비슷한 방식으로 움직인 것이 킵차크 초원 근처를 지배하고 있던 일파입니다. 앞서 말한 대로 이곳은 칭기즈칸의 맏아들 주치와 그의 아들 바투가 원정해 정복한 지역인데, 그들도 이곳에서 '주치 울루스'로 자립해 쿠빌라이가 지배하는 동쪽과 거리를 두는 형국이 되었습니다. 물리적으로도 가장 먼 곳에 있었으니 필연적인 선택이었을 겁니다.

다만 쿠빌라이가 몽골 전체의 지배자라는 사실에는 변함없었습니다. 물론 울루스는 경계를 접하고 있고 이해관계도 뒤섞여 있기 때문에 각지에서 분쟁이 끊이지 않았습니다만, 서로 창끝이 충돌하는 일은 없었습니다. 서로의 지배 영역을 인정하는 느슨한 형태의 연합이었다고 생각하면 됩니다.

단 한 곳만이 예외였다고나 할까요. 쿠빌라이에게 강하게 저항하면서 끝까지 이런 상태를 유지하지 못했던 곳이 중앙아시아입니다. 원래 이곳은 우구데이의 형인 차가타이(칭기즈칸의 둘째 아들)의 핏줄이 지배하고 있었습니다. 그러나 안정을 찾지 못하다가 곧 이어 우구데이의 손자 카이두에게 나라를 빼앗기게 됩니다. 이렇게 해서 이 땅에는 지도에 나오는 '카이두 왕국'이 탄생하게 되었습니다.

카이두는 자주 쿠빌라이의 본가에 맞서 항쟁했지만, 결국은 패퇴해서 이 땅은 다시 차가타이의 핏줄이 빼앗아 안정화시키는 과정을 거칩니다. 몽골제국은 이렇게 쿠빌라이 이후 동아시아, 북아시아, 중앙아시아, 서아시아 등 네 블록의 울루스로 나뉘었습니다. 이것은 1장의 〈도표 1-2, 1-3〉과 대응하고 있습니다. 세 단계를 밟아 유라시아 전역에서 먼저 초원 세계를 통일하고, 나아가 농경 세계로 판도를 확대한 결과 몽골제국의 울루스가 성립된 것입니다.

남송 정복 후 대원 울루스로 국명을 바꾸다

몽골제국의 대두는 동아시아와 중국사에도 지대한 영향을 끼쳤습니다. 특히 깊이 관여한 것이 쿠빌라이입니다.

쿠빌라이는 선대의 몽케 칸 시대부터 동방 방면군의 총사령관 같은 역할을 담당해 왔습니다. 특히 남송 정복이 목표였습니다. 그러나 좀처럼 진척되지 않았습니다. 자연환경이 너무 다르니 당연한 일이지요.

건조 지대라면 몽골군이 말을 타고 질주해 끝까지 진격할 수 있었습니다. 이에 비해 남송은 하천과 호수가 많은 습윤 지역이므로 기마군의 행군이 원활하지 않습니다. 쿠빌라이는 부득이 장기전을 구사했는데, 이를 나태하고 둔하다고 여긴 몽케가 친히 군사를 이끌고 남송 원정을 주도했을 정도입니다. 이것이 오히려 몽케의 생명을 단축시키는 결과가 되었지요. 몽케가 죽고 칸에 오른 쿠빌라이는 자신이 주도하는 방식으로 남송 정복사업에 착수해 1280년대에 마침내 목적을 달성합니다.

남송 정복의 전환점이 된 것은 양양(襄陽)전투입니다. 양양은 장강 중류에 있는 도시로 무한(武漢)에서 합류하는 지류인 한강(漢江) 인근에 위치하는데, 그곳을 차지함으로써 장강의 상 · 하류 유역 전체를 제압할 수 있었습니다.

또, 쿠빌라이는 이미 수군을 가지고 있었기 때문에, 거기서 하류로 진군해 남송의 수도인 임안(항주)을 함락시키기도 쉬워졌습니다. 이후에는 약간의 저항도 있었지만, 몽골은 남송의 전역을 거의 무혈입성으로 접수했습니다. 그것이 〈도표 5-4〉에 나타난 1300년 전후의 모습이며 몽골제국의 완성판입니다.

쿠빌라이는 나라 이름을 아예 '대원(大元)'으로 고쳤습니다. '대원 울루스(Dai-ön Ulus)'를 한자로 표기하면 '대원국'이지요. '원(元)'은 유교 경전에 나오는 말로 '사물의 시작', '오리지널'을 의미합니다. 연호도 '지원(至元)'이라고 명명하는 등, 쿠빌라이는 '원'의 의미에 걸맞은 나라 만들기에 착수했습니다.

또, 오늘날의 북경에 수도를 건설하면서 이곳을 '대원'의 '대'를 적용해 '대도(大都)'라고 이름 붙이고 있습니다. 과거 거란족의 요 왕조나 그 이후의 금 왕조도 북경을 도읍으로 정하고 있었지만, 명확한 도시계획을 전제로 건설한 것은 쿠빌라이가 처음입니다. 이후 명나라와 청나라 모두 북경을 수도로 삼았지만, 그 기초는 쿠빌라이가 만든 대도입니다. 오늘의 베이징도 기본적으로는 거기서 바뀌지 않았습니다.

그리고 또 하나, 대도에서 만리장성을 사이에 둔 북쪽에 상도(上都, 개평부)라고 하는 도시도 건설하지요. 이곳은 몽케 칸 시절 쿠빌라이가 중국 공략의 거점으로 설치했던 곳을 다시 정비하고 확장한 것입니다.

알다시피 북경은 만리장성의 바로 남쪽에 위치합니다. 즉, 유목 지역과 농경 지역 경계에서 약간 남쪽의 농경 지역에 위치합니다. 그래서 장성 건너편 초원과 유목 지역 근처에도 도시를 둔 것이에요.

그렇게 해서 쿠빌라이는 여름에는 북쪽의 상도, 겨울에는 남쪽의 대도에서 보내게 됩니다. 원래 유목민은 여름을 보내는 하영지와 겨울을 보내는 동영지를 갖고, 계절마다 이동하는 것이 생활패턴입니다. 쿠빌라이는 상도와 대도라고 하는 두 개의 '수도권'을 구축하고 그러한 이동 생활을 답습한 것입니다.

몽골의 군사력과
위구르의 상업자본이 제휴

이전까지 몽골의 수도는 몽골고원 중앙에 있는 카라코룸(현재의 울란바토르 부근)이었습니다. 몽케는 카라코룸을 거점으로 했고, 사후 칸의 자리를 이을 것으로 예상되었던 아릭부케도 그곳에서 움직이지 않았습니다.

그런데 남송과 중국 땅에 있던 쿠빌라이가 그 지위를 빼앗고, 동시에 수도마저 대도로 옮긴 것입니다. 몽골제국 전체로 본다면 수도가 상당히 동남쪽으로 치우쳐 있는 것 같기도 합니다만, 서방은 훌라구 울루스와 주치 울루스에게 각각 맡긴다는 의미로 이해하면 됩니다.

그러면 몽골은 왜 갑자기 대두했는가. 물론 강했기 때문입니다. 하지만 그 강력함의 의미와 비결을 묻지 않으면 안 되겠지요. 그 요인의 하나로서 생각할 수 있는 것이 능숙한 선전전입니다.

몽골군의 전투력이 강력했던 것은 틀림없습니다. 전쟁사에서 총 같은 화기(火器)가 등장하기 전까지는 기병(騎兵)의 기동력이 압도적으로 필요했기 때문입니다. 그중에서도 본래 유목민인 몽골군이야말로 최고의 기동력을 갖추고 있었습니다. 실제로 칭기즈칸 시대에는 전투에서 상대를 철저히 섬멸하는 전술을 구사했습니다.

그런 평판을 얻으면 공격받을 가능성이 있는 지역은 싸우기 전부터 겁을 먹게 됩니다. 몽골은 오히려 이를 이용해 쳐들어가겠다고 위협한 후 싸우지 않고 항복시켰다고 합니다. 말하자면 선전과 위협 전술을 구사하면서 승리하고 있었던 것입니다.

게다가 정복과 지배 후에도 상대방을 유린하는 일은 없었다고 해요. 정복지를 원래 있던 그대로 인정하고 지금까지의 생활을 계속하게 했습니다.

그 전형이 바로 남송의 지배와 경영입니다. 쿠빌라이는 양양을 무력으로 함락시켰을 뿐 나머지 지역과는 거의 전투를 치르지 않았습니다. 전격적으로 항복을 받아 냈던 것이지요. 그래서 쿠빌라이의 지배를 받던 시절 강남은 오히려 인구가 급속도로 늘어 번창했습니다. 정복지를 철저하게 탄압했다면 이렇게 되지는 않았을 것입니다. 다른 지역에서도 대체로 비슷한 경영을 하고 있었다고 생각됩니다.

그리고 또 하나 몽골제국의 큰 포인트가 되는 것이 상인과의 관계입니다. 칭기즈칸 시절 몽골은 초원 지대를 정복했는데, 그중에는 오아시스 도시들도 포함됩니다. 그 무렵 그곳을 거점으로 하는 상인 세력과의 접점이 생겼습니다.

대표적인 것이 위구르입니다. 앞 장에서 언급했듯이 위구르는 원래 몽골고원 근처에 있던 투르크계 유목민이었어요. 그러나 10세기경 중앙아시아 서쪽으로 이동해 그곳에 있던 상인 세력인 소그드인과 섞이면서 정주하게 됩니다. 이것이 바로 서위구르입니다.

그 서쪽 이웃의 카라한조도 투르크계 유목 국가였기 때문에 이 시기에는 중앙아시아 전체가 투르크화 되었던 셈입니다. 다만 서반부의 카라한조가 이슬람화 되었던 것에 비해 동반부인 위구르에는 불교와 마니교가 보급되어 있었습니다.

그런데 그곳의 정벌에 나선 세력이 칭기즈칸이 이끈 몽골입니다. 물론 위구르도 만만치는 않아서 전면적인 항복이나 저항을 하지는 않았습니다. 대신 이들은 자금과 정보를 제공하는 대가로 몽골군의 보호와 자신들의 상업적 권익을 요구하는 협상을 제안합니다.

이에 따라 위구르의 상업자본은 몽골의 군대와 제휴하면서 실크로드 위에서 상업 경영의 범위를 확대해 갑니다. 오히려 새로운 정복지, 즉 사업지를 개척하기 위해 상인들이 길잡이가 되어 몽골군의 원정로에 앞장섰을지도 모릅니다. 또, 경우에 따라서는 그들이 먼저 상대국과 항복 협상을 벌였을 수도 있다고 생각합니다. 어쩌면 그들이야말로 몽골제국 확대의 일등 공신이었다고 해도 과언은 아닐 것입니다.

몽골제국이 유라시아 전역을 연결하는 교통로 확충

위구르가 몽골제국 확대의 일등 공신이었든 아니든 제국의 영향은 중앙아시아를 거점으로 중국을 비롯한 유라시아 각지에 미쳤습니다. 〈도표 5-6〉은 전성기 몽골제국의 전모를 보여 줍니다.

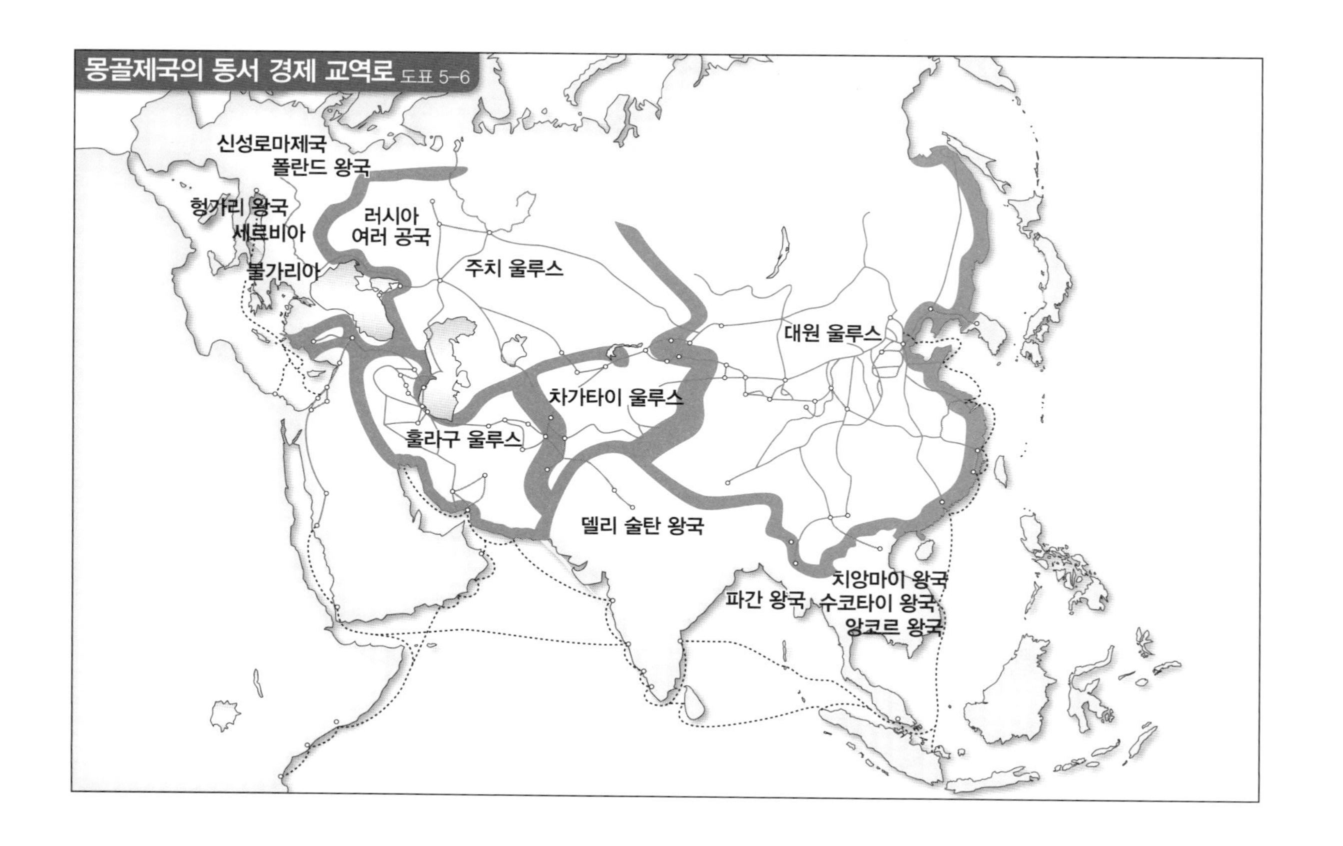

몽골제국의 동서 경제 교역로 도표 5-6

예를 들면, 몽골제국의 확장은 바로 유라시아 전역을 연결하는 통로를 확충한 것과 같습니다.

원거리 교역에서 중요한 것은 물류이지요. 실크로드가 가장 중요한 동맥 같은 역할을 하고 있었지만, 몽골제국은 거기에 더해 지선도 발달시켰습니다. 그에 따라 숙박과 수송을 위한 시설도 유라시아 전체 규모로 설치되었습니다. 그것을 몽골어로 '잠치(Jamchi, 길을 관장하는 사람이라는 뜻)'라고 했어요. 중국어로는 '참적(站赤)'인데, 이 말은 현대 중국어에서 역(驛)을 의미하는 '참(站)'의 바탕이 되었습니다. 이렇게 해서 동서 교통이 활발해지고, 상업자본이 각지로 확대된 것입니다.

쿠빌라이의 중국 경영에 참여한 인사들 중에도 중앙아시아 출신의 투르크계 위구르나 이란계 무슬림 상인들이 다수 있었습니다. 이런 사람들을 '색목인(色目人)'이라고 합니다. 눈 색깔이 다르다는 뜻이 아니에요. 여기서 색(色)은 '여러 가지'라는 뜻이고, 목(目)은 '종류'를 의미합니다. 그러니까 한인과 다른 여러 종족이라는 정도로 생각하면 될 것 같습니다.

몽골제국의 경제와 재정은 기본적으로 이들이 담당했습니다. 제국의 중앙은 기본적으로 농업 지역과 수확물에 세금을 부과하지 않았습니다. 어디까지나 상업 유통과정에서의 징수를 주된 재원으로 하고 있었습니다. 이것이 상업 세력과 제휴한 몽골제국의 큰 특징입니다.

다만 이것은 몽골제국의 입장에서 하는 이야기입니다. 몽골에 복속된 각지의 지배자들은 각기 다른 세제를 도입하고 있었습니다. 그곳에서는 당연히 토지세나 농산물 징수 또한 있었을 것으로 생각합니다. 오늘날로 치면 지방세라고 할까요.

참고로 몽골뿐만 아니라 유목 국가들은 모두 같은 징세 방법을 사용했을 겁니다. 다만 몽골제국이 그것을 고도로 시스템화해서 운용한 것이었지요.

쿠빌라이 칸이 은으로 교환할 수 있는 지폐 보급

장사든 징세든 필요한 것은 화폐입니다. 중앙아시아나 서방에서 주로 사용했던 것은 은(銀)입니다. 상업자본의 확대에 따라 쿠빌라이가 지배하기 전부터 중국에서도 은을 많이 사용하게 되었습니다. 여기에 쿠빌라이는 상인 세력의 조언을 얻어 은(銀) 경제와 중국 화폐제도와의 접목을 꾀했습니다.

당시 중국에서는 당송 변혁을 거치면서 동전이 주로 유통되었습니다. 〈도표 4-3〉에서 본 당나라 때의 개원통보를 비롯해 일반적으로 유통되던 동전은 가운데 사각 구멍이 뚫린 것이 기본입니다. 앞 장에서도 알아봤듯이 송나라에서는 엄청나게 많은 양의 동전이 주조되었습니다.

이윽고 동이 부족해지자 철전(鐵錢)과 지폐로 대체했습니다. 철전은 가치가 낮은 데다 무겁기 때문에 사용하기가 불편하지만, 지폐라면 어쨌든 가볍다는 장점이 있지요.

많은 양에다 무거운 동전을 양과 무게가 아주 작은 지폐 한 장으로 대체한다면 거래가 훨씬 쉬워지겠지요. 다만 문제는 그런 지폐의 신용을 어떻게 담보하느냐, 즉 종이 한 장의 교환가치를 시장이 어떻게 인정하도록 하느냐 입니다. 이러한 지폐는 이미 송·금 시대에도 시도되어 일정하게 유통은 되었습니다. 그렇다고는 해도 신용 유지가 어려웠고, 또 성공했다고 확실하게 말할 수도 없습니다.

쿠빌라이는 지폐의 효용과 가치에 주목했습니다. 원래 은을 통화로 사용해 유통시키고 있었는데, 정부가 이를 모으고 시장에 태환(兌換) 지폐를 발행하기로 한 것입니다.

송나라에서 발행되던 지폐를 '회자·교자(會子·交子)'라고 하고, 금 왕조나 대원 울루스가 발행한 지폐를 '교초(交鈔)'라고 합니다. 쿠빌라이가 새로 발행한 지폐는 당시 연호인 중통(中通)을 따서 '중통초(中通鈔)'라고 불렀습니다. 정부가 확실하게 은으로 교환할 수 있다는 보증을 서고, 이 지폐를 시중에 유

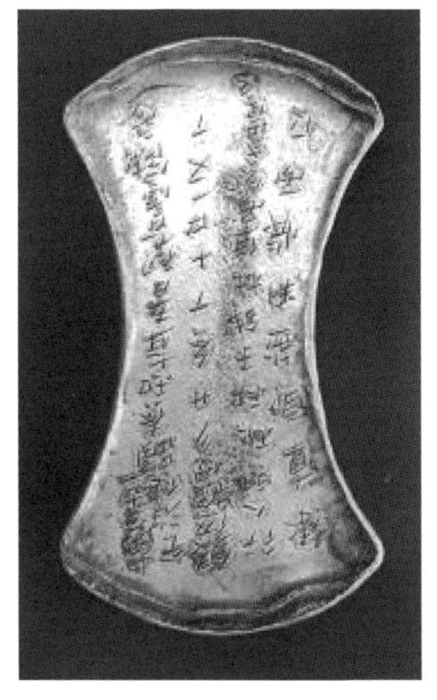

은정 도표 5-7

통시킨 겁니다. 덕분에 상업에서의 지폐의 편리와 신용은 급속도로 확대되었습니다.

그때의 은 화폐가 〈도표 5-7〉입니다. '은정(銀錠)'이라고 부른 바탕 쇠를 모아 다시 주조해 순도와 무게를 규격대로 만든 것으로 연호, 무게, 관계 부서의 명칭 등이 새겨져 있습니다.

지폐의 거래와 신용을 뒷받침한 은과 소금

쿠빌라이가 지폐의 태환으로 준비한 것은 은과 귀금속뿐만이 아닙니다. 당시 소량으로도 가치가 높은 소금도 화폐의 범주에 추가한 것입니다.

앞 장에서 말했듯이 중국에서는 당나라나 송나라 때부터 소금에 대해 국가 전매 제도를 활용했습니다. 일부 상인만 독점적으로 취급하게 하고, 대신 원가의 몇 십 배 또는 몇 백 배의 세금을 매겼지요. 특권을 얻은 상인들은 세금을 많이 내는 대신 생필품인 소금 거래를 도맡아 막대한 이익을 얻게 됩니다.

이 염정제도(塩政制度)를 답습한 쿠빌라이는 활용도를 한층 더 높였습니다. 특권 상인들에게 염전에서 소금을 받아 운송하고 판매하는 데 필요한 서류를 교부한 것입니다. 이 소금 전매 허가증이 '염인(塩引, 명나라 초에는 한 장의 염인으로 보통 200근의 소금을 받음)'입니다. 염인은 소금 전매를 관할하는 '염운사사(塩運使司)'라는 관공서에서 발행한 것으로 여기서 인(引)은 국가가 보증하는 증명서나 라이선스를 의미합니다.

당시에 소금 전매가 가장 활발했던 지역은 양회(両淮)라는 지역입니다. 양회는 지명으로 산동반도와 장강 사이에 흐르는 회수(淮水) 유역을 가리킵니다. 회수 하구의 해안에는 남북에 걸쳐서 모래사장이 펼쳐져 있습니다. 바닷물로 소금을 만들기에 아주 좋은 곳이었어요. 당송 변혁 때 이미 소개한 양주 일대는 중국 유수의 소금 산지입니다.

중국은 광대한 대륙이지만 해안선이 짧기 때문에 소금 생산지도 극히 한정되어 있습니다. 내륙에 염호(鹽湖)와 염정(鹽井)도 있지만, 역시 무한한 바닷물을 이용해야 소금의 대량생산이 가능합니다. 그래서 소금을 생산하는 양회를 장악하면 중국 대부분의 소금 수급을 조절할 수 있고, 거래에 대해 과세하기도 쉬웠습니다.

중국에서 일찍부터 생활필수품인 소금을 전매하기 시작한 것은 이런 조건이 있었기 때문입니다. 양회의 소금은 오랫동안 정부의 캐시 카우(cash cow) 역할을 했습니다.

그 당시에 실제로 사용했던 염인은 양회에서 저 멀리 서쪽으로 떨어진 감숙성(甘肅省)의 사막에서도 출토되었습니다. 사막 같은 건조 지역에서는 부식이 진행되지 않기 때문에 귀중한 종이 사료가 발견되기도 합니다. 중국사의 뛰어난 사료인 이른바 '둔황 문서' 등이 그 전형일 것입니다. 감숙성에서 출토된 염인의 가운데에는 '중통초 50정(中統鈔 五拾錠)' 같은 가격이 쓰여 있습니다. 이 허가증 자체가 유가증권으로서의 가치를 갖고 있으며, 나아가 지폐의 대체 수단으로서 거래에 사용되고 있었음을 알 수 있습니다.

반대로 중국의 강남처럼 습기가 많은 지역에서는 종이 사료가 쉽게 손상되기 때문에 좀처럼 원형 상태로 남아 있기가 어렵다고 보아야 합니다.

그렇다고 하더라도 수도나 중국 남부의 연안에서 발행된 것이 왜 그런 곳에서 발견되었을까요? 그것은 오늘날의 주식이나 유가증권처럼 폭넓게 유통되고 있었다는 증거로 볼 수 있겠지요. 그만큼 소금 전매는 시장에서 교환가치를 인정받았다는 것이지요. 또, 사막 부근 건조 지대에서도 많은 상인이 소금 유통을 주도하기도 했습니다.

'50정'의 가치를 환산하는 것은 다소 복잡해서 정확하게 말하기는 어렵지만, 전매 허가증인 이상 상당한 액수로 추정할 수 있습니다. 그만큼 비싼 유가증권이 거래에 사용된 것만 봐도 당시의 활발했던 상업 활동의 일면을 엿볼 수가 있지요.

오늘날의 상업금융에도 뒤지지 않는 시스템과 스케일이 당시부터 만들어지기 시작했다는 것도 높은 평가를 받아야 합니다. 게다가 그것이 재계와 정부의 제휴로 실현되고 있었다는 것도 획기적 상업 활동이라고 생각합니다.

인도양과 중국 연안의 해상 교통과 무역망 개척

몽골이 유라시아를 석권한 13~14세기 초반 이미 아시아의 물류와 교역은 육로뿐만 아니라 인도양을 중심으로 해양을 통해서도 이루어지고 있었습니다. 이를 주도한 것은 무슬림 상인들로, 이들은 믈라카 해협을 거쳐 광주(廣州) 방면까지도 상권을 넓히고 있었습니다.

남송 시기에는 수도인 임안(臨安)에 가까운 오늘날 복건성(福建省) 남쪽에 있는 천주(泉州)에도 많은 외국 상인들이 왕래했다는 기록이 있습니다.

당시에 대표적인 존재로 '포수경(蒲壽庚)'이라고 하는 인물이 있는데요. 그는 아랍계 무슬림 출신입니다. 광주에 정착했다가 천주로 이주해 왔습니다. 그리고 해양 무역에서 큰 세력을 일구며 일찌감치 몽골제국에 귀순해, 그때까지 섬겨 온 남송의 명운까지 결정하는 역할을 했습니다. 물론 그 후에도 경제적으로 큰 세력을 유지했지요.

경제 활성화를 목표로 한 쿠빌라이는 이런 세력에도 주목했습니다. 국가 주도로 해양 상인들을 조직해 인도양이나 중국 연안에서의 해상 교통과 무역에 힘썼습니다. 예를 들면, 쿠빌라이의 대원 울루스와 우호 관계에 있던 훌라구 울루스는 〈도표 5-6〉에 기록된 인도 항로를 이용해 이란과 사절을 교환했습니다.

몽골은 쿠빌라이가 칸에 즉위한 1260년을 경계로 군사적 정복 활동을 중단하고 있습니다. 그러면서도 대원 울루스를 중심으로 한 세계 규모의 경제권 구축, 오늘날의 표현으로 말하자면 '세계화'에 의한 경제 발전의 목표를 이루기 위해 힘을 쏟았습니다.

경제권 확대의 실행부대가 된 것이 이란계 무슬림과 위구르인들이었고, 그에 대한 후원으로서 군사력을 제공한 것이 몽골계나 투르크계의 유목민들이었습니다. 그들은 언어도 문화도 다릅니다. 각각의 목적과 이해에 따라 연결된 경제공동체의 측면이 있습니다. 그런 차원에서 몽골제국은 인종과 종교, 국가를 초월해 서로 공존하는 체제를 갖춘 것이므로 인류사에서는 주목해야 할 포인트라고 생각합니다.

실은 그 연장선상에 이른바 '원구(元寇, 일본을 침공한 몽골)'가 있습니다. 일본의 입장에서 '원(元)'이라고 하면 몽골의 침략 같은 침략의 이미지가 강합니다만, 그것은 실제 상황과 약간 다를지도 모릅니다. 몽골 측 입장에서 보면 어디까지나 경제권 확대의 일환이었지, 군사적 정복만이 목적은 아니었다는 설도 있으니까요.

예를 들어, 제2차 침공 당시 10만 명 규모라고도 하는 엄청난 인원을 태운 대선단이 일본에 당도했습니다. 이들은 '강남군(江南軍)'이라고 불렸지만 모두 군인이라고 보기는 어렵다는 뜻이지요. 이민 집단이나 상인도 대량 포함되어 있었을 것으로 생각됩니다.

하카타(博多) 지역에서는 이전부터 양국의 무역이 크게 번창했습니다. 그곳에 뿌리내리고 장사하려고 생각하는 몽골 사람이 있다고 해도 이상하지 않습니다. 반대로 일본의 입장에서 보면 이 사건은 단순히 원구의 침략에 대한 방어전이 아니라 세계화에 대한 저항이었다고 할 수 있습니다.

사실 비슷한 싸움은 유럽에서도 일어나고 있었습니다. 이른바 바투의 서정 절정기에 폴란드를 무대로 발발한 발슈타트 전투(Wahlstatt, 레그니차 전투)를 들 수 있습니다. 이곳에서 몽골군은 폴란드-독일 연합군을 격파했는데, 우구데이 칸이 갑자기 사망하면서 철수합니다.

이 전투에 경제적인 의도가 얼마나 있었는지는 확실치 않습니다. 그러나 이로 인해 러시아 서쪽의 유럽까지는 몽골제국의 상업자본이나 경제시스템이 파급되지 않았고 뿌리내리지도 않았다는 것은 분명한 사실입니다.

한랭화와 페스트 유행으로 몽골제국의 경제권 붕괴

어쨌든 이런 몽골제국과 대원 울루스의 경제권 확대를 뒷받침한 것은 남송의 풍부한 생산력과 경제력입니다. 또, 중국에도 대원 울루스를 통해 서쪽으로부터 은과 화폐라는 상업금융의 노하우와 시스템이 유입되어 뿌리를 내렸습니다. 그런 의미에서 중국과 대원 울루스는 이미 공존 공생의 관계였다고 볼 수 있겠습니다.

번성했던 몽골제국은 14세기 중반 이후부터 무너지기 시작합니다. 주된 원인은 지구의 한랭화였습니다. 앞에서 언급한 것처럼 지구는 8~9세기경부터 온난해지기 시작했고, 유목민과 농경민 모두 활동적으로 바뀌고 번성기가 시작되었습니다. 그런 변화의 집대성이 바로 몽골제국의 융성이었던 것입니다. 그런데 한랭화 시기로 접어들면서 번성기의 기본 조건이 무너지기 시작한 것이지요.

이 시기 유럽에서는 이른바 '흑사병'이 크게 유행했습니다. 페스트의 일종인 선페스트가 중앙아시아에서 발생해 몽골제국의 간선루트를 통해 전파된 것으로 알려져 있습니다. 사실 같은 시기 중국에서도 전염병이 대유행했는데, 아마도 같은 감염원이었을 것으로 추정됩니다. 날씨가 추워지면 전염병이 만연하게 되는 것은 예나 지금이나 다르지 않습니다. 유효한 예방책이나 약품도 없었던 당시에는 유독 피해가 심했던 것 같습니다.

또, 한랭화는 당연히 농작물의 작황도 악화시킵니다. 그로 인해 생산량이 떨어지면 상업도 부진할 수밖에 없습니다. 실크로드의 간선도 지선도 교역활동이 모두 중지되었습니다. 지금까지 몽골제국에 의해 경제적 활황을 누리고 있던 유라시아 세계는 일시에 대불황에 빠지고 맙니다.

그리고 또 하나 한랭화에 의한 가장 큰 변화는 유라시아 동서의 격차 및 분리입니다. 일찍이 당나라 때는 실크로드를 통해 유럽과 중국 간의 교역이 활발했습니다. 몽골제국 시절에도 그것은 이어져 소그드, 위구르, 이란계 무슬림 상인들에 의한 동서의 왕래가 아주 빈번했었지요. 그런데 전염병의 발생으로 왕래가 한 번 끊기기 시작하자 중앙아시아의 경제 상황에는 먹구름이 드리워집니다.

이전의 상업이나 도시의 경제 규모 자체는 회복될 수도 있습니다. 15세기 중앙아시아에 세워진 티무르제국의 성립과 번영은 유명하니까요. 그러나 이동과 활동이 재개된 이후로는 이미 다른 교통로가 번창했고, 중앙아시아의 실크로드는 로컬 노선이 되어 지금까지 유라시아의 동서를 연결해 온 그 독자적인 가치를 잃어 갑니다.

이런 가운데 중앙아시아 자체도 동아시아와의 관계가 소원해지고 점차 이슬람화의 길을 걷게 됩니다. 이렇게 해서 유라시아의 동서는 완전히 다른 세상이 되었습니다. 그때까지 동서를 결속하는 가교였던 중앙아시아가 이제는 반대로 동서를 가로막는 장벽으로 바뀌었다고 말한다면 지나칠까요. 어쨌든 중앙아시아 서쪽 사람들이 동아시아에 대해 아무것도 모르고, 동아시아 사람들이 인도와 이슬람에 대해 전혀 모르게 되는 상황은 이때부터 형성된 것 같아요.

소금과 쌀의 공급이 끊기자 대도(북경)부터 몰락

물론 중국 경제도 타격을 입었습니다. 오늘날 세계 경제가 동반 하락과 동반 성장이라는 연쇄반응을 일으키듯이 유라시아 각지의 악영향이 중국에도 미쳤습니다. 앞서 말한 지폐나 유가증권과 같은 것도 사료에 따르면 '거의 휴지가 되었다'라고 기록되어 있습니다.

지폐가 나돌지 않게 되면 필연적으로 그것을 뒷받침해 주던 귀금속이나 동전도 시장에서 사라집니다. 그 때문에 중국은 갑자기 물물교환과 같은 현물경제의 세계로 되돌아갔습니다. 특히 생산력이 부족한 도시 지역에서는 치안이 악화되어 식량과 안전을 찾아 농촌으로 이주하는 사람이 증가했다고 합니다. 지금까지 몽골제국이 이룩하고, 또 의지하고 있던 중국의 생산력과 서방의 상업자본의 조직화가 해체된 것입니다.

몽골제국도 과거 칭기즈칸 이전 시대라면 초원에서의 유목 생활만으로도 왕족은 충분히 살 수 있었습니다. 그런데 세계 제패를 이룩하고 남방에서 보내오는 물자로 풍요로운 생활을 누리던 지배층은 다시는 예전의 삶으로 돌아갈 수 없었습니다. 몽골제국 정권 자체가 한랭화와 대불황으로 인해 지속성을 잃어버린 것입니다.

아울러 남송의 옛 영역이던 강남 지역에서는 저항 세력의 반란이 곳곳에서 발생합니다. 특히 몽골에 큰 타격을 준 것은 강소성(江蘇

省) 출신의 장사성(張士誠, 가난한 염전 노동자의 아들로 염정을 모아 난을 일으켰다)을 비롯한 소금 밀매인들의 반란입니다.

그들은 뒷거래로 자신들의 배를 채우면서도 소금을 싸게 공급하는 서민의 편이기도 했습니다. 당연히 당국의 감시권에 있었지만, 이들을 진압하는 데는 성공하지 못했습니다.

이로 인해 국가에서 소금 전매를 운영할 수 없게 되었고 전매 수입이 끊긴 이후, 염인의 가치가 폭락하고 유가증권이 부도나면서 신용체계가 붕괴되고 재정과 경제 전체가 무너졌습니다.

게다가 장사성이 거점으로 삼은 곳은 상해 약간 내륙 안쪽으로 들어간 소주(蘇州)였습니다. 그런데 그 일대는 중국 최대의 쌀 생산지입니다. 당송 변혁과 '5대 10국'의 오월 시대부터 시작된 개발로 인해 온통 논농사 지대가 되었습니다. 북송도 남송도 대원 울루스도 모두 그 지역에서 생산되는 쌀에 의지하고 있었습니다.

당시 '소호(蘇湖)가 풍년이면 천하가 족하다'라는 속담이 있었습니다. 소주와 호주(湖州) 일대의 쌀농사가 잘되면 천하가 배부르다는 뜻으로 그 지역은 그만큼 생산량이 풍부한 곡창 지대였습니다. 그러던 것이 장사성이 통제하면서 대도의 대원 정부에는 소금 수입뿐만 아니라 쌀도 들어오지 않게 된 것입니다. 이게 몽골제국에는 치명적이었지요.

14세기 후반 몽골제국은 명나라를 건국한 주원장(朱元璋, 기근으로 부모를 잃은 탁발승에서 명나라의 초대 황제가 되었으며, 중국을 통일한 입지전적인 인물)에 의해 대도(북경)에서 쫓겨나 오늘날 몽골고원 지역까지 철수했습니다. 몽골에 의해 융합된 동서와 남북, 그리고 농경 지역과 유목 지역, 또 군사와 경제가 다시 한 번 갈라지게 된 것입니다. 지금까지 구축된 정치, 경제, 사회 시스템은 몽골제국의 붕괴로 일단 리셋의 상황을 맞이했다고 해도 좋을 것입니다.

6장

명의 쇄국정책과 경제·문화의 발전

A BRIEF HISTORY OF CHINA

몽골 멸망 후 동은 명나라, 서는 티무르 왕조 건설

몽골제국이 소멸한 15세기 초 유라시아는 대략 중앙아시아 파미르고원 부근을 경계로 동서로 분리되었습니다. 서쪽에서는 티무르제국이 대두했고, 동쪽에서는 중국의 명나라가 등장한 것이지요.

티무르제국은 네 갈래로 갈라진 몽골제국 중 서쪽의 차가타이 울루스를 상속받아 세워진 유목 왕조입니다. 몽골의 후계자라고 생각해도 되겠지요. 그 수도는 중앙아시아의 한가운데에 위치한 사마르칸트입니다. 오아시스 도시이기 때문에 당연히 많은 상인이 있었지만, 사실 티무르 자신은 그곳에 없었습니다. 수도 주변을 둘러싸듯이 텐트를 치고 살았어요. 유목민의 군사력으로 정주민과 상인을 보호하던 몽골 시대의 패턴을 계승하고 있었던 셈입니다.

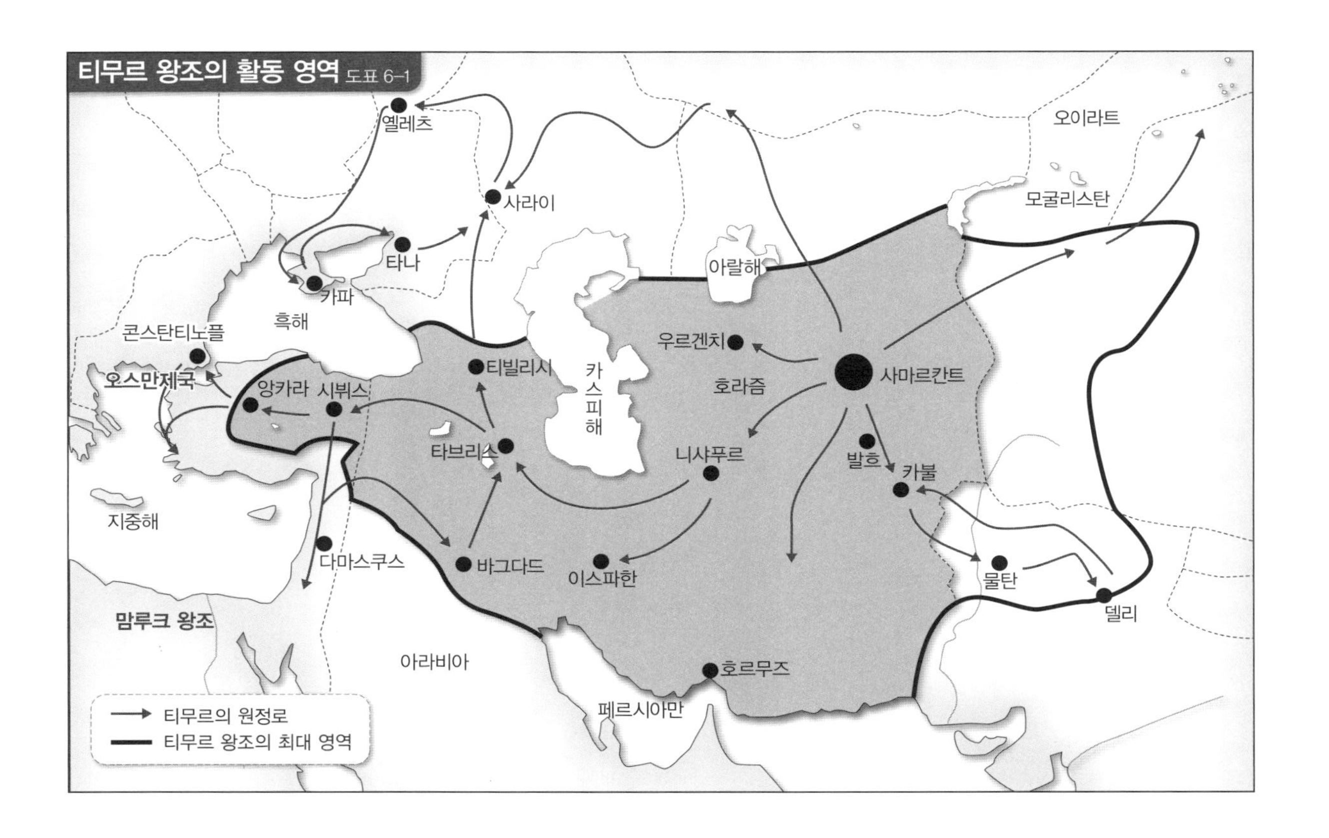
티무르 왕조의 활동 영역 도표 6-1
옐레츠
사라이
오이라트
모굴리스탄
타나
카파
흑해
아랄해
콘스탄티노플
오스만제국
앙카라
시바스
티빌리시
카
스
피
해
우르겐치
호라즘
사마르칸트
타브리즈
니샤푸르
발흐
카불
지중해
다마스쿠스
바그다드
이스파한
물탄
델리
맘루크 왕조
아라비아
호르무즈
페르시아만
티무르의 원정로
티무르 왕조의 최대 영역

그들은 이곳을 거점으로 사방을 정복해 일대 세력을 이루었습니다. 이것은 〈도표 6-1〉에 나와 있는데, 중앙아시아에서 역사적으로 마지막 통일왕조가 되었습니다. 몽골제국의 서반부에서 발흥한 최후의 왕조라고나 할까요.

반면 동아시아는 대조적으로 전개됩니다. 남방의 가난한 농가 출신의 주원장이 명나라를 건국하고 1368년에 초대 황제에 오른 것인데, 당시 중국에는 아직 다수의 몽골 세력이 남아 있었습니다. 주원장은 그 영향력을 가능한 한 배제하려고 했습니다.

몽골제국의 사업은 한문으로 쓰인 문헌에서 종종 '혼일(混一)'이라고 표현됩니다. 쉽게 말하면 '통일'이지만 유목민과 농경민, 상인과 군대 등 다원적 집단을 공존시켰다는 의미에서는 '혼(混)'이 몽골제국의 실체를 더 잘 보여 준다고 하겠습니다.

명조는 그러한 몽골제국에 대한 저항과 부정을 출발점으로 삼았습니다. 주원장이 목표로 한 것은 농경 세계만의 분리 · 독립입니다. 다원사회를 중화(中華)와 외이(外夷)로 분리하고 차별하는 것, 이른바 중화라는 것은 공간적으로 농경 세계만으로 이루어져 있으며, 주원장은 그런 순화와 자존을 기본 방침으로 왕조를 창건한 것입니다.

당시 명조에서는 '화이수별(華夷殊別)'이라고 하는 말이 많이 쓰였습니다. '중화'와 '외이'를 명확하게 구분해서 후자를 소외 · 배제하고, 더불어 그때까지 전통적으로 내려오는 풍습이나 사회적인 관습을 달리하는 '외이'의 몽골로 인해 오염된 '중화'를 회복시킨다는 의미입니다. 명조는 거기에서 자신들의 존재 이유와 가치를 찾아내려고 했던 것입니다.

명나라를 건국한 주원장은 조공일원체제를 구축

중국 내에 남아 있는 몽골인과 몽골문화에 대해 주원장의 태도는 철저했습니다. 몽골제국의 쿠빌라이는 약 30년간의 재위로 통치시스템을 완성했는데, 주원장 역시 약 30년간 재위하면서 중화의 국체를 다시 만든 것입니다.

상징적인 것이 이른바 쇄국(鎖國)정책의 실시입니다. 〈도표 6-2〉와 같이 북쪽은 만리장성으로 농경민과 유목민을 명확하게 구분했을 뿐 아니라 연안의 출입도 제한했습니다. '판자 조각 한 장 띄워서도 안 된다'라고 할 정도의 엄격한 조치였는데, 이것을 '해금(海禁)'이라고 합니다. 해금은 원래 연안을 휩쓸고 다니는 해적 단속을 강화하려던 것인데, 그것을 쇄국정책과 결부시킨 것입니다.

이로 인해 육로도 해로도 모두 차단되었습니다. 한인만의 '중화'를 만들어 안으로 포섭하고, 그 외 사람들은 '외이'라고 해서 배척하고 출입을 금지한 것입니다.

다만 완전히 길을 막은 건 아니었어요. 중국 내에서 교통 또는 상거래를 하고 싶은 외부인에 대해서는 절차를 밟으라고 요구했습

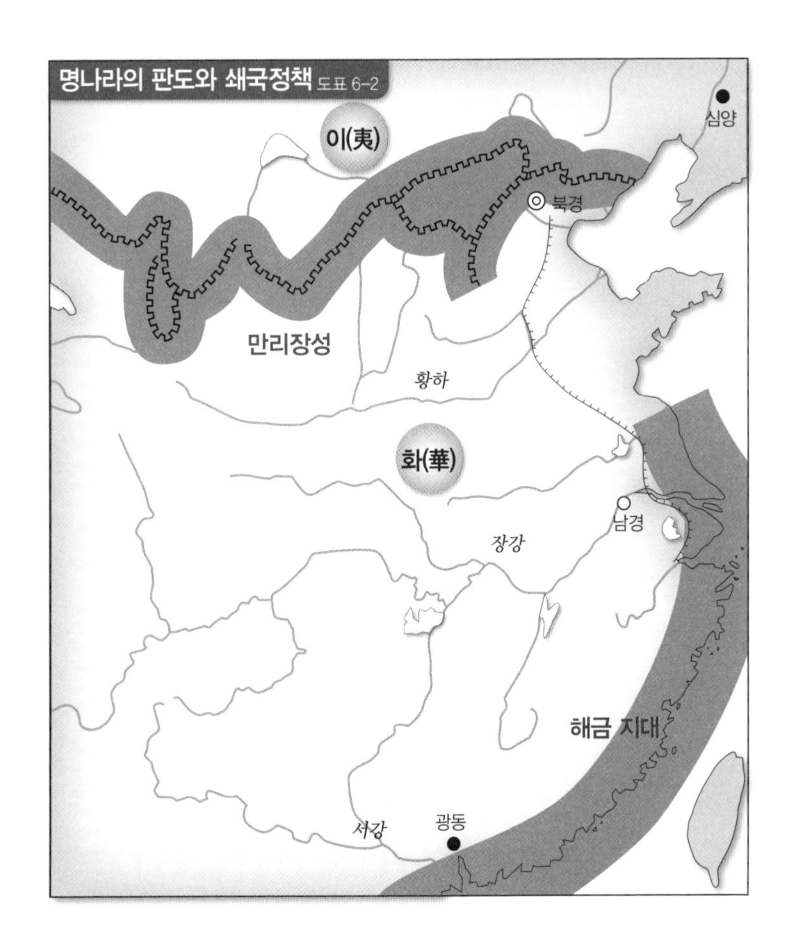

명나라의 판도와 쇄국정책 도표 6-2

니다. 그것이 이른바 '조공(朝貢)'입니다.

'조(朝)'는 인사, '공(貢)'은 선물을 의미합니다. 결국 선물을 들고 인사하러 간다는 뜻이지요. 대국과 소국 사이에서 일상적으로 하는 것이기는 합니다. 다만 그것을 '외이'인 주변국과 '중화'인 천자 사이에서 하게 되면 이렇게 차별적인 명칭이 붙습니다.

물론 조공 자체는 진(秦)나라나 한(漢)나라 때도 있었지요. 원래 일반적인 통례적 의례니까 당연합니다. 그러나 주원장은 주변국과의 교류에서 조공 이외의 수단을 전면 금지했습니다. 이렇게까지 극단적이고 전례가 없는 제도를 내세운 것은 명나라뿐입니다. 역사상 전무후무한 일입니다. 이것을 학계에서는 '조공일원체제(朝貢一元体制)'라고 합니다.

선물을 들고 인사하러 가는 것은 고개를 숙이는 일이기도 합니다. 즉, 군신(君臣)이라는 상하 관계가 분명한 만큼 명나라에 대해 신하의 예를 취하고, 상대를 상국(上國)이라고 하면서 자신을 스스로 속국이라고 인정하는 것을 의미합니다.

덧붙여서 중국 역사상 외교라고 하면, 전 시대를 통틀어 이러한 조공일원적인 시스템이 기능하고, 그렇게 했던 것처럼 이야기하는 일도 있습니다만, 실제로는 그렇지 않습니다. '조공일원체제'는 어디까지나 명나라의 오리지널 시스템이었습니다. 명조는 이것으로 대국의 자존심을 세운 것이지요.

'중화'와 '외이'를 구별하면서 상하 관계를 명확히 하는 질서를 구축할 수 있었으니 사상과 실천이 결실을 맺은 셈입니다.

한편, 조공하는 쪽에서도 이점이 있었습니다. 중국과 교류하는 것이 1차 목표이지만, 무엇보다 실리가 목적이었으니까요. 지참한 선물보다 훨씬 고액의 답례품을 받을 수 있었다는 것이지요. 이것을 '조공'에 대한 '회사(回賜)'라고 합니다. 그러니 조공하는 이들에게는 새우로 잉어를 낚는 것이나 마찬가지였습니다. 그리고 또 하나, 조공을 수행하는 사절단에게는 공식 행사와는 별도로 중국 내에서의 물품의 교환이나 매매가 인정되었습니다. 그러는 동안 중국의 선진적인 물건이나 산물을 손에 넣거나, 물건을 팔아 돈을 벌 수 있기 때문에 모두 조공사절단에 가담한 것입니다.

'거래도 없고 화폐도 없다'는 농본주의 주창

조공일원체제는 경제의 재정체제와도 일체화되어 있었습니다. 앞 장에서 언급했듯이 몽골제국의 붕괴로 인해 그들의 기축통화였던 지폐는 휴지 조각이 되었고, 화폐와 귀금속도 퇴출당하면서 시장의 유통에서 사라졌습니다. 그 결과 물물교환의 경제 세계로 되돌아간 곳마저 생겨납니다. 물론, 상업은 엄청난 타격을 입고 경기는 심각한 침체에 직면해 있었지요.

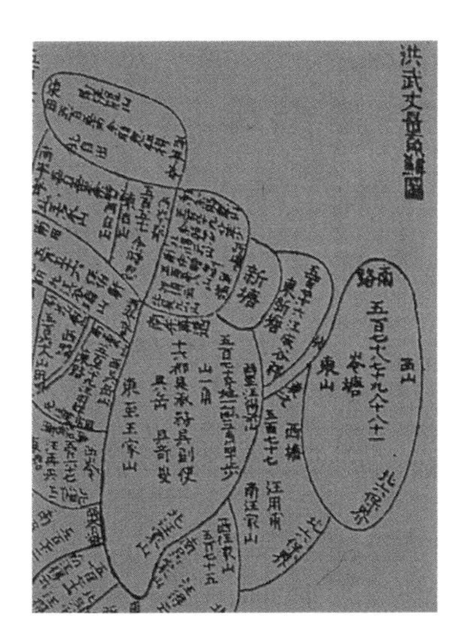

어린도책 **도표 6-3**

주원장은 이러한 현물경제 상황을 기초로 해서 경제정

책을 수립했는데, 우선 주력으로 삼은 것은 농업 생산력의 회복입니다. 오늘날 그것을 전해 주는 사료가 〈도표 6-3〉의 《어린도책(魚鱗圖冊)》인데 글자 그대로 물고기의 비늘처럼 보이지만 실은 땅의 위치, 크기, 그리고 소유자가 기재되어 있는 일종의 등기부입니다.

오른쪽 위 끝에는 '홍무장량어린도(洪武丈量魚鱗圖)'라고 쓰여 있는데, '홍무'란 명나라 태조 주원장 시대 연호로서, 그를 '홍무제'라고도 불렀습니다. 장량(丈量)은 '토지조사'라는 뜻입니다. 모든 토지의 면적과 조건을 다시 측정하고, 소유와 귀속을 밝힘으로써 세금을 징수할 기반을 갖춘 셈입니다.

즉, 토지에서는 농산물을 현물로 징수하고, 사람에게서는 자연 그대로의 노동력을 받는 체제를 만든 것이지요. 이것이 명나라 조세의 두 기둥이었습니다. 모두 화폐를 통하지 않는 것이 큰 특징입니다. 당시의 재정 장부를 봐도 '쌀이 몇 섬', '사료가 몇 다발' 등으로 기재되어 있어요. 이러한 재정 경제체제를 일단 '현물주의'라고 부를 수 있습니다.

다시 말하면, 명조가 구상한 경제시스템에는 상인이나 상업은 등장하지 않는다는 것입니다. 이른바 '거래도 없고 화폐도 필요 없다'는 농본주의이자 반(反)상업주의였습니다.

당시의 사회 정세를 생각하면 전란으로 황폐해진 상황에 맞춘 부흥책인 만큼 일단은 타당했다고 생각합니다. 무엇보다 농업의 생산력 회복이 중요했습니다. 또, 실제로 화폐가 시장에서 사라진 이상 다른 경제시스템을 지향할 수밖에 없었을 것입니다.

하지만 아무리 불황이었다고 해도 14~15세기에도 화폐가 전혀 존재하지 않는 경제를 계속 유지한다면 그것은 국가 경제에 심각한 일이 아닐 수 없습니다.

쇄국으로 외부 교역을 차단하고 국내에서는 물물교환

그래서 주원장은 '대명통행보초(大明通行宝鈔)'라고 하는 지폐를 찍어 냈습니다. 몽골제국의 대원 울루스 시대 교초의 도안과 규격을 완전히 모방한 것인데 줄여서 '대명보초' 또는 '보초'라고도 합니다. 그것이 〈도표 6-4〉인데, '일관(一官)'이라고 쓰여 있는 것을 알 수 있습니다.

대명보초(명나라 지폐), © BabelStone 찍음, 영국 국립박물관 소장. 〈도표 6-4〉

앞에서도 언급했듯이 이때의 화폐는 중앙의 네모난 구멍에 끈을 꿰어 사용하는 것이 일반적이었습니다. 그것을 1,000장 꿰뚫은 것이 한

단위로, 그것이 일관이지요. 이 지폐의 액면을 나타내는 것입니다. 다만 제도의 골격은 어디까지나 현물주의, 물물교환이 주체이기 때문에 유통에 그다지 힘을 썼다는 흔적은 없습니다. 태환도 되지 않았어요.

그럼 이 지폐는 무엇이냐 하면 단순한 종이쪽지에 지나지 않습니다. 이것이 은이나 소금으로 뒷받침했던 몽골 시대의 교초와는 결정적으로 다른 점이에요. 가치 · 신용을 뒷받침하는 것은 명조 정부가 발행 · 회수하고 있다는 것뿐입니다. 그것도 아마 전 왕조를 답습하는 수준에 지나지 않았습니다.

물론, 상업이 국가 경제의 주축이었던 대원 울루스 때와는 규모가 다르지만, 명조도 교통의 요충지에 유통세를 부과했습니다. 그때도 역시 이 보초로 세금을 납부하게 되어 있었습니다. 그 징세 기관을 '관(關)'이라고 합니다. '세관(稅關)'이라고 하는 단어의 기원이기도 합니다만, 지폐인 보초를 사용했기 때문에 '초관(鈔關)'이라고도 불렸습니다. 이 초관의 납세를 이용해서 정부가 발행한 지폐를 회수하고, 양을 일정하게 유지해 가치를 지탱했던 것이지요.

거기에 동전도 기존 화폐를 본떠 재발행했습니다. 그러나 이것도 보조적 용도 외에는 활용하지 않았던 것 같고, 발행액도 극히 작습니다. 명조의 동전은 '영락전(永楽銭)'이 유명하지만, 그것도 시중에 화폐로서 유통하기보다는 정권의 상징으로서의 의미가 강했다고 생각해요.

이러한 화폐경제의 부정은 '조공일원체제'에 의한 외부와의 교통

차단과도 무관하지 않습니다. 오늘날에도 그렇습니다만, 다른 나라와 거래한다면 서로 가치를 인정할 수 있는 통화가 필수적입니다. 바로 외화입니다.

공통의 외화도 외환도 존재하지 않았던 14~15세기의 세계에서는 그 역할을 한 것이 귀금속, 특히 금과 은입니다. 그렇다면 명나라 입장에서 쇄국주의를 완성하려면 거꾸로 귀금속을 매개로 하는 거래를 인정하지 않으면 됩니다. 시중에 귀금속이 유통되면 민간과 해외와의 거래가 성사되기 쉬워지기 때문이지요.

그런 점에서 귀금속과 태환되지 않는 대명보초는 아무리 유통해도 외부에서는 통용되지 않아서 무역 거래가 성립되지 않기 때문에 국제적으로도 문제가 없습니다. 그렇게 지극히 국내 정치적인 의도로 발행된 것입니다. 오늘날의 상식으로는 거의 생각할 수 없는 해법이지만, 그것을 무리하게 추진한 것이 명조의 특징입니다.

남북의 경제 격차 해소하기 위해 강남을 탄압

그리고 여기 또 한 가지 큰 목적이 있었습니다. 남북 양극화의 해소입니다. 과거 몽골 시절 중국 경영을 이끌던 쿠빌라이는 화북과 강남을 다른 방식으로 통치했습니다. 공들인 것은 강남으로 경제성장의 엔진으로 대우했습니다. 그 결과 강남은 상업이 크게 발달했고 인구도 급증했습니다. 명조 시대 들어서 아무리 불황에 빠졌다고 해도 상업도, 금은에 의한 거래도 그런대로 잔존하고 있었다고 생각합니다.

반면 화북은 여전히 가난했습니다. 한랭화와 전란의 피해도 있었고, 유목민도 많이 남아 있었습니다. 이곳에서는 물물교환의 경제가 더 큰 비중으로 자연스럽게 이루어졌다고 생각합니다.

명조로서는 국가 전체를 '중화'로 순화하고 운영해야 하는 만큼 그런 남북의 격차를 해소할 필요가 있었습니다. 문화와 풍습의 차이는 물론 경제에서도 일관성이 있어야 한다고 생각한 것입니다.

문제는 남북 어느 쪽에 맞출 것이냐 하는 것입니다. 상식적으로 보면 화북을 강남에 맞춰 끌어올리는 것이 국가 전체에 도움이 될 것입니다.

그런데 명조는 이를 끌어올릴 만한 힘이 없었습니다. 그래서 현실은 정반대로 강남을 탄압하고 가난하게 만들어 화북의 수준에 맞추게 되었습니다.

게다가 그것도 상당히 과격한 방법으로 단행합니다. 강남의 땅주인과 관료들에게 여러 가지 혐의를 뒤집어씌우고 연좌제를 이유로 몇 만 명이라는 단위로 몰살한 것입니다. 홍무제 때는 여러 차례 옥사 사건이 일어났습니다. 이는 자신의 권력을 위협할 만한 공신을 배제하기 위한 목적이었다고 합니다. 예를 들면 '호유용의 옥(胡惟庸之獄, 호유용이 역모를 꾀했다는 누명을 쓰고 관련자 1만 5천 명과 함께 숙청되었다)'이 있는데, 재상 호유용을 전횡과 반역의 허물을 뒤집어씌워 주살한 사건입니다. 이후 중국 왕조에는 재상을 두지 않게 되면서 황제 권력이 더 비대해졌습니다.

영락제가 '정난의 변'으로 조카 건문제를 축출

원래 주원장은 남방 출신이고, 명나라 수도도 남경(현재의 난징)에 두었습니다. 그러나 정책적으로는 강남을 철저히 탄압해 경제를 후퇴시켰습니다. 화북 쪽에서 강남을 지배하려고 생각한 것입니다.

남방 정권이면서도 북으로부터의 지배를 지향했다고 학계는 말하고 있습니다. 황태자 사망 등으로 인해 끝내 재위 기간 중 실현하지 못했지만, 수도 역시 남경에서 화북으로 옮기려 했다는 것이 훗날 밝혀졌습니다.

이것을 우발적으로 실현한 것이 주원장의 4남 주체(朱棣)입니다. 2대 황제 건문제(建文帝, 명나라의 제2대 황제)는 요절한 황태자의 아들이자 주원장의 적손이었지만, 기존 방침과는 반대로 강남을 기반으로 하는 정권을 만들어 갑니다. 그뿐만 아니라 당시 북방에는 몽골의 침입에 대비하던 주원장 아들들이 있었는데, 건문제는 이 숙부들을 차례차례 제거했습니다. 물론 숙청의 주 타깃은 가장 유능하고 강력했던 주체였어요. 자신의 신상이 위태로워지자 격분한 주체는 군사를 일으켜 건문제를 쓰러뜨리고 스스로 제위에 올랐습니다. 그가 영락제(永樂帝)입니다. 아마도 명나라에서 가장 저명한 지도자를 꼽으라면 영락제일 텐데 이때 벌어진 제위 찬탈을 '정난의 변(靖難之變)'이라고 합니다.

주체는 몽골제국의 수도였던 대도(大道)에 근거지를 두고 있었습니다. 명나라 때에 이르러서는 몽골이 철수한 후 '북쪽을 평정했다'라는 뜻으로 '북평(北平)'이라고 불렀는데, 영락제에 이르러서는 오히려 이곳으로 수도를 옮겨 '북경(北京)'이라고 개칭합니다. 영락제는 쿠빌라이가 건설한 대도를 유용하게 개수해 수도 북경으로 만들어 갑니다. 오늘날 북경의 원형은 이때 완성되었습니다. 단, 남경도 허물지는 않습니다. 아버지 홍무제가 지은 도읍지이기 때문에 경의를 표하며 그 형태를 남겼던 것입니다. 그래서 당시 중국에는 북경과 남경이라는 두 개의 수도가 있었습니다.

영락제가 수도를 남경에서 북경으로 옮기다

이후 북경은 중국의 수도로 계속 남아 있습니다. 훗날 장제스(蔣介石)가 이곳에서 국민정부를 세울 때만 예외였습니다. 북경을 수도로 인정할 수 없기 때문에 이때만 '북평'이라는 이름으로 다시 돌아왔습니다.

한편, '남경'이라는 명칭은 청나라 때 사라집니다. 다른 왕조라서 홍무제에게 의리를 지킬 필요가 없어졌기 때문에 '강녕(江寧)'이라고 개칭했습니다. 이것은 옛 이름으로 '강남이여, 안녕하라'라는 뜻인데, 북방에서 새롭게 강남을 지배한 청조에는 아마도 그 생각이 간절했을 것입니다.

또, 역사 교과서 등에서는 청조가 아편전쟁에서 영국에 패했을 때 맺어진 조약을 '남경(난징) 조약'이라고 표기합니다. 이것은 영문 표기를 따른 것이지요. 그러나 한자어 원문 사료에 의하면 '강녕 조약'이 맞습니다.

북경과 북평, 남경과 강녕, 단지 지명만의 문제로 보일 수 있습니다. 그러나 거기에는 남북 어느 쪽을 중심으로 중국을 어떻게 지배하고 통치할 것인가 하는 중대한 문제도 내포되어 있습니다. 그리고 중국에서 '경(京)'은 수도에만 부여되는 호칭입니다.

그나저나 영락제 또한 홍무제처럼 강남의 지주들을 탄압합니다. 선대의 건문제 편에 선 자들에 대한 보복의 의미도 있었을 것입니다. 동시에 북경 천도도 큰 사건이었습니다.

이는 강남의 부를 빨아들여서 새로운 수도 건설과 유지에 돌린다는 것을 뜻하기도 합니다. 홍무제가 선택한 조카로부터 황제 지위를 빼앗은 죄책감도 있었겠지만, 영락제는 홍무제의 정책을 충실하게 계승하려는 목표도 있었기 때문에 이 사업을 더욱 굳건히 추진하고자 했습니다.

그래서 실시한 것이 강남에서 북경으로의 대량의 물자 수송이에요. 이를 위해 대운하를 개수하고 앞서 설명한 요역(徭役, 세금 명목으로 제공하는 노동력)을 져야 하는 사람들을 대량 동원했습니다. 강제노동으로 내몰린 사람들의 고역도 어렵긴 하지만, 이러한 영락제의 사업이 명조의 재정을 더욱 어렵게 만들기도 했습니다.

심지어 관료 채용에서도 강남 사람들을 노골적으로 차별하고 핍박했습니다. 원래 강남에는 부유층이 많아서 교육 인프라도 뛰어났습니다. 자식을 위해 최상의 교육 환경을 만든 것이지요. 따라서 공무원 채용시험인 과거를 실시하면 강남 출신만 합격하게 됩니다.

남북을 하나로 묶어 '북으로부터의 지배'를 추진하는 명나라 정부의 입장에선 좋은 환경이 아니지요. 그래서 강남 출신의 과거 합격자와 관료 채용 인원을 제한하고, 관료조직도 가능한 한 북쪽 출신 위주로 확고히 굳혀 나갑니다.

이런 처우를 강남 사람들이 달가워할 리 없지요. 그래서 그들은 북경의 중앙정부나 관리들에게 항상 반감을 갖고 일종의 반정부적 레지스탕스 같은 태도를 취하게 됩니다. 그리고 이는 근현대 중국의 국가 구조에도 큰 영향을 미치게 됩니다.

환관 정화의 대원정과 강남 델타의 대변혁

그리고 또 하나, 영락제의 사업이라면 환관 정화에게 지시

한 대원정이 유명합니다. 모두 일곱 차례에 걸쳐 대함대를 파견한 항해로, 인도양을 넘어 중동과 아프리카 대륙까지 도달했다고 해요.

이 사업의 주요한 목적은 조공의 요구였습니다. 해외에서 더 많은 나라가 찾아와서 자신을 존경해 줬으면 하는 것이 명조의 본심이었고, 그렇게 되면 국제적으로 위세를 크게 떨칠 수 있다고 여겼습니다.

그러나 해외의 다른 나라 입장에서는 경제적 메리트가 없으면 굳이 먼 길을 가야 할 이유가 없었습니다. 명조는 정책적으로 나라의 문을 닫고 민간 선박의 출입과 상거래를 금지했기 때문에 더욱 그렇습니다. 그래서 명조 정부 스스로 배를 만들어 영업에 나선 것입니다.

조선과 항해의 기술은 전적으로 몽골제국 시대의 유산에 의존하고 있었습니다. 당시는 무슬림 세력과 그 기술이 남아 있었고, 정화 역시 무슬림이나 다름없었습니다. 앞서 대원 울루스는 해상 교통망에도 정성을 쏟았습니다. 그러니까 이 원정 사업은 그것을 되살린 것일 뿐 명조가 독자적으로 발전시킨 것은 아닙니다.

한편, 명조가 구상한 현물주의 재정 경제시스템은 도미노식으로 번지기 시작합니다. 큰 계기가 된 것은 〈도표 6-5〉에 나타난 대로 장강 하류 지역 일대, 소주와 송강(松江)을 중심으로 하는 이른바 '강남 델타'의 대단위 변화입니다.

오늘날로 치면 상하이 주변에 해당합니다. 지금은 상공업으로 번영하는 중국 경제의 심장부이지만, 그렇게 되기 시작한 것은 실

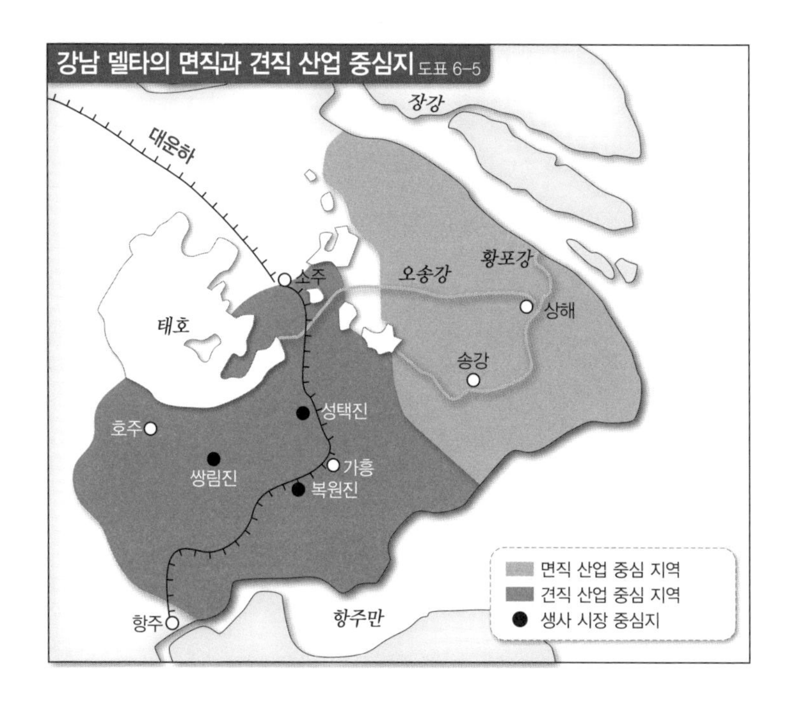

강남 델타의 면직과 견직 산업 중심지 도표 6-5

은 이 시기부터입니다. 원래 이 근처는 장강 하구 부근으로 습윤한 저지대여서 농사가 어려워 인구도 희박했으나, 당송 변혁의 개발을 거쳐 중국 제일의 쌀 생산지가 됩니다. 앞에서 소개한 '소호가 풍년이면 천하가 족하다'라는 속담이 나올 정도로 중국에서 가장 풍요로운 곡창 지대였습니다.

그건 그렇고 강남 델타에서 약간 오지로 들어가면 태호(太湖)라는 호수가 있어요. 이 주변의 지질 환경이 변하고 건조해져서 벼농사가 어려워지자 뽕나무를 집중적으로 심었고, 그 결과 품질이 높은 생사(生糸, 고치에서 뽑아낸 실)를 생산하는 지역으로 바뀌게 됩니다.

그전까지는 북쪽의 장안 주변이 생사의 주요 산지였는데 그 자리를 빼앗은 셈이지요.

이후 태호 남쪽에 있는 도시 호주(湖州)에서 생산 거래되는 생사는 '호사(湖絲)'라 불리며 중국 최고의 명품 브랜드가 되었습니다. 일본에서도 '백사(白糸)'라고 불리며 큰 인기를 끌었는데, 이를 구입하기 위해 일본의 금과 은이 모두 중국으로 넘어갔다고까지 했을 정도예요.

장강 중류의 호광이 풍년이면 천하가 족하다

물론 생사든 무명이든, 그냥 누에나 목화를 길러서 수확하면 되는 것은 아닙니다. 여러 공정을 거쳐야 비로소 제품이 되고, 판매자가 있을 때 비로소 사용자에게 돌아갑니다. 다시 말해 관련 기술과 산업도 필수이며, 거기에 종사하는 사람들이 필요합니다.

그래서 이 지역 일대에는 공업화와 상업화가 함께 진행되었고, 이에 종사하는 근로자들도 급속도로 늘어났습니다.

논과 벼농사가 줄어드는 한편 인구가 증가한다면 당연히 예상할 수 있는 것은 식량 부족입니다. 그러니 다른 곳에서 벼농사를 짓자는 얘기가 나오게 되겠지요. 그 신개척지로 낙점된 것이, 장강의 중류 지역인, 호광(湖廣)이라고 불리는 곳입니다(〈도표 6-6〉).

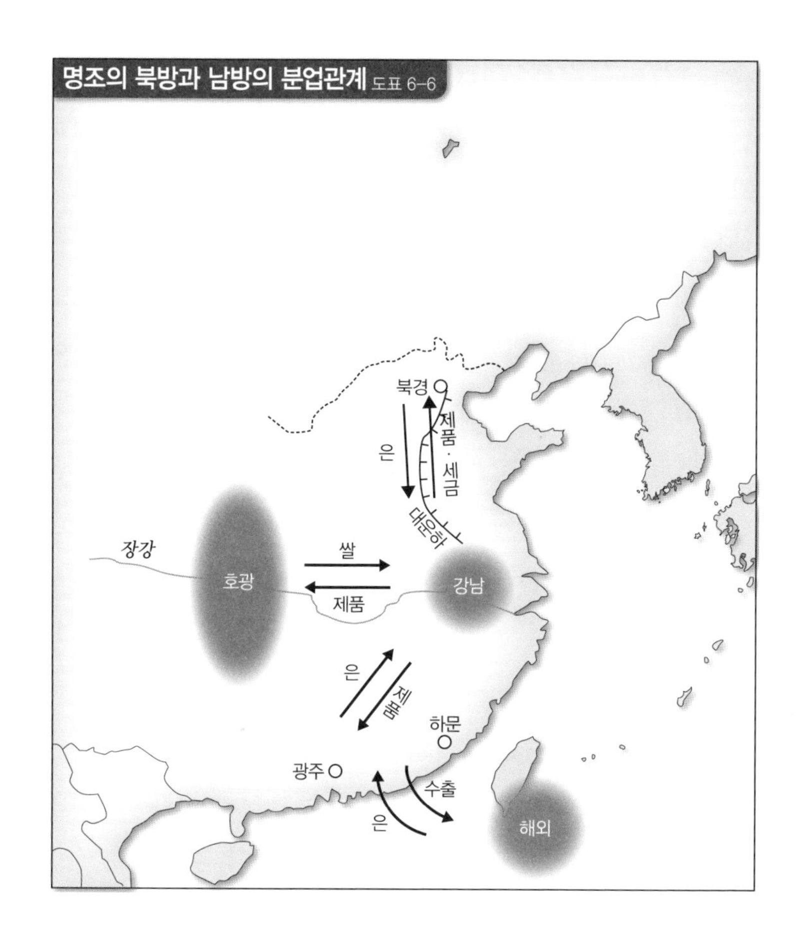

명조의 북방과 남방의 분업관계 도표 6-6

이곳을 개간해 논으로 만들자 대단지 곡창 지대가 되었습니다. 그 쌀이 강남에 공급된 것이지요. 참고로 이곳은 계속 개발이 진행되었고, 후에 인구 증가로 인해 호북성(湖北省)과 호남성(湖南省)으로 분할됩니다. 이렇게 해서 자연발생적으로 지역분업 체제가 갖추어진 것입니다.

강남에서는 섬유 제품이 만들어지고, 장강 상류에선 쌀이 생산되고, 북경에서는 정치와 군대가 정비되면서 소비자층이 대규모로 형성되게 됩니다.

강남 제품은 다른 지방으로 운반되고, 호광의 쌀이 강남으로 가고, 강남에서 물자가 북경으로 흘러 들어갑니다. 그러면 당연히 그 사이에서는 많은 인력과 물자가 유통됩니다. 그래서 당시 '호광이 풍년이면 천하가 족하다'라는 속담이 새롭게 생겼습니다.

일찍이 당송 변혁에서는 '소호(蘇湖)가 풍년이면 천하가 족하다'라는 말이었지요. 강남 델타가 논이 되면서 천하를 지탱하는 곡창 지대가 되었다는 뜻이었습니다. 물론 직접적인 비유라 할 수 있겠지만 '호광'은 의미가 조금 다릅니다. 아마도 '호광'만의 생산력으로는 천하를 먹여 살릴 수 있는 곡창이 될 수 없었을 것입니다.

그곳은 어디까지나 강남 델타의 '백업' 역할을 하는 곳이었습니다. 그 강남 델타에서 여러 가지 제품을 생산하고, 거기서 만들어진 제품이 중국 전역, 나아가 해외로 퍼지는 것이 그 '백업'의 전제 조건이 됩니다. 단순한 곡창이 아니라 지역 간 분업과 물자 이동을 전제로 한 의미가 '호광이 풍년이면 천하가 족하다'라는 말에 포함된 것입니다. 이것은 '소호가 풍년이면 천하가 족하다'라는 것과는 시대가 달라졌음을 알게 해 줍니다.

비공식 통화로서 금과 은이 유통되기 시작하다

그런데 그런 곳에 돈이 없으면 아주 불편하겠지요? 명나라가 발행한 지폐인 대명보초(大明寶鈔, 뽕나무 껍질에 그린 세계 최대의 지폐로 A4 용지와 비슷한 크기다)는 종잇조각이나 마찬가지였습니다. 하물며 강남 사람들은 아무도 그 가치를 인정하지 않았기 때문에 쓰지도 않았습니다.

한편, 명조도 타개책을 내세울 생각은 전혀 하지 않습니다. 중국은 유교 국가이기 때문에 태조 주원장이 정한 법은 절대적인 권위를 가지고 있었습니다. 그 근간인 현물주의 경제시스템을 쉽게 개편할 수는 없었기 때문입니다.

하지만 그대로 둬서는 민간경제가 곤란해집니다. 그래서 민간에서는 통화 대체품을 주고받기 시작했습니다. 시중에서는 명나라 때 주조 발행한 동전뿐만 아니라 송대 이전의 동전이나, 개인이 동(銅)제품이나 식기 등을 녹여 만든 사주전(私鑄錢)이 유통되기 시작합니다. 명나라에서는 이것이 일반적인 화폐 대신에 유통되기 시작합니다.

사주전은 말하자면 자기들끼리 논의해 가격을 결정하고 사용하는 화폐입니다. 기존의 거래관계를 가진 집단끼리 주고받는 것은 좋지만, 모르는 사람에게는 단순히 가짜 돈일 뿐이지요. 따라서 일정 지역과 범위 외엔 통하지 않았습니다. 즉, 상품권과 마찬가지로 지역 화폐 같은 것에 불과했습니다. 게다가 동전이기 때문에 가치도 소액이라서 통용되는 것은 매우 좁은 지역에 한정되었고, 가능한 것은 소규모 거래뿐이었습니다. 원거리에 있는 낯선 사람과의 대규모 거래에서 사용할 수 있는 것은 아니었습니다. 이 경우 통화를 대체할 수 있는 것이라고는 서로 동일한 가치를 인정하고 있는 귀금속뿐이겠지요.

그래서 금과 대원 울루스 시대에 유통되던 은이 이 시대의 화폐로 쓰이게 되는 것입니다. 이런 변화를 상징하는 것이 주민들의 노동과 봉사의 의무를 의미하는 요역(徭役)입니다. 이것은 '지정해서 부려 먹는다'라는 뜻으로 '차(差)'라고 했는데, 노동력을 제공한다는 의미로 '역차(力差)'라고도 했습니다.

그런데 당시 기록에 의하면 어느 시기부터 이 '역차'가 줄어들고 '은차(銀差)'라는 말이 늘어납니다. 즉, 노동력을 제공하는 대신에 은을 낸다는 의미입니다. 혹은 '절색(折色)'이라는 말도 증가하고 있습니다. 이 '절(折)'은 '환산(換算)'이라는 의미로서 '본색(本色)'의 대체어입니다.

그런데 색(色)은 '색목인(色目人)'에서처럼 여러 가지 종류를 의미하고, '본(本)'은 오리지날이라는 뜻이니 풀이하자면 지금까지 작물로 납부하고 있던 것을 은으로 바꾸어 환산해 지불한다는 의미가 됩니다.

이런 변화에 따라 그때까지 쌀로 지급되고 있던 관료의 월급도 은으로 지급하게 되었습니다. 영락제 시대가 끝난 1430년대에는 관료들이 서둘러 이를 요구했고, 명나라 정부도 이를 거부하지 못했습니다. 현물주의 재정 경제는 이렇게 파탄 상태에 이르렀습니다.

명나라 정부로서는 홍무제가 천명한 원칙을 바꾼 것이 아닙니다. 유통되는 은을 공식 통화로 인정하지도 않았습니다. 그러나 민간의 실태에 편승하는 식으로 제도의 세부 내용을 바꾸어 나갔습니다. 이를 통해서 사회 전체를 관리한다는 이념과 명분을 유지하려고 했지만, 16~17세기경에 이르면 이상과 현실 간의 괴리와 모순이 더욱 심해질 뿐이었습니다.

비단을 구매하기 위해 세계의 은이 중국으로 유입

갑작스러운 개발과 상공업의 진전, 화폐 경제화로 통화 부족이 초래됩니다. 공업화나 새로운 지방의 개척, 생산성의 향상, 상업 유통의 확대 등 경제가 발전하면 그에 따라 화폐의 수요도 증가합니다. 그래서 국내에서 유통되는 화폐만으로는 도저히 경제를 감당할 수 없게 되었습니다.

몽골 시대는 앞 장에서 언급한 것처럼 은을 소금으로 대체하기도 하고, 그 신용을 바탕으로 지폐를 발행하는 정책을 폈습니다. 그러나 명나라 정부는 현물주의를 표방했기 때문에 통화 정책에는 일절 관여하지 않습니다.

민간으로서는 통화가 없기 때문에 매우 곤란한 상황에 놓이게 되는 것이지요. 그러면 어떻게 해야 할까요. 은을 수입해야 합니다. 세계사적으로는 정확히 대항해 시대와 겹쳐지는데, 이 무렵 새롭게 발견된 아메리카 대륙과 전국 시대의 일본에서 대량의 은이 채굴됩니다. 이것은 아마도 우연이 아닐 것입니다. 오히려 중국의 왕성한 은 수요가, 세계 각지의 은광을 개발시켜 교역을 촉진했다고 말할 수 있습니다.

당시에 유럽 대륙의 금과 은은 이미 많이 채굴된 상태였습니다. 광맥으로 남아 있는 것은 아직 교역의 역사가 짧았던 유럽 일부와 아메리카 대륙의 일부, 더불어 일본 열도 등입니다. 〈도표 6-7〉은 은의 이동 경로를 나타낸 것인데 모두 중국으로 향하고 있음을 알

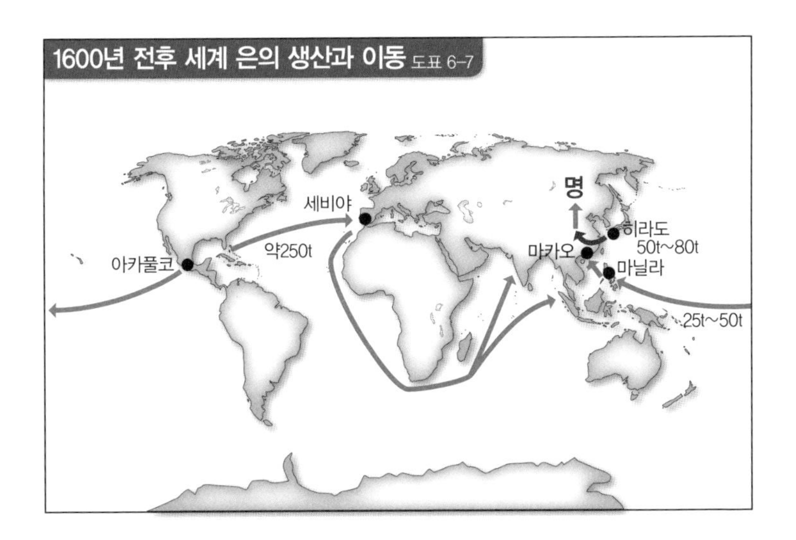

수 있을 것입니다. 그 대가로 중국에서는 비단이나 무명이 수출되었습니다. 강남 델타에서 생산된 제품들은 전 세계가 탐내는 고급 제품이기도 했습니다.

이 시점에서 명나라가 당초에 세운 현물주의 제도는 사실상 붕괴된 상태였습니다. 무역 금지령은 남아 있었지만, 실제로는 무역이 상당한 규모로 이루어지고 있었던 것이지요.

이러한 국제 거래의 주체가 된 것은 밀무역업자입니다. 이들은 당국의 눈도 아랑곳하지 않고 많은 거점을 만들어 외국 무역업자들을 끌어당겼습니다. 그 땅은 중국인 · 외국인 상인이 모이는, 말하자면 일종의 조차지(租借地, 한 나라가 조약에 의해 다른 나라의 땅을 일시적으로 빌린 것) 같은 양상을 띠었고, 나중에 상업 도시로 발전한 곳도 있습니다. 당시의 잔재가 오늘날까지 남아 있는 곳이 바로 마카오와 복건성(福建省)의 하문(厦門, 현 샤먼)입니다. 그곳에는 많은 일본인 무역 세력도 드나들었는데 그것이 바로 왜구(倭寇)입니다.

강남의 경제 발전으로
일본 밀무역업자 왜구의 준동

덧붙여서 일본은 무로마치(室町) 막부의 3대 쇼군 아시카가 요시미쓰(足利義満) 시대부터 '조공일원체제(朝貢一元体制)'라는 이름으로 명나라의 영락제에게 조공을 바치고 있었습니다. 표찰을 지닌 사신이 공식적인 사행 때 행하는 조공무역의 일종입니다.

그러나 결국 강남의 경제 발전으로 민간무역이 활발해지면서 조공을 수반하는 형태의 '거북한' 거래를 훨씬 능가하게 되었습니다. 이러한 민간무역으로 인해 일본 경제도 고도성장이라는 결과를 얻게 되었지요.

당시의 일본은 군웅할거의 전국 시대에 접어들고 있었습니다. 각지의 광산에서 금과 은이 채굴되고, 농지 개발도 진행되고, 한편으로는 하극상이라는 사회 변혁도 일어나고 있었습니다. 물론 이 자체도 일본의 경제성장이 발판이 되었지만 그뿐만은 아니었습니다. 머나먼 동중국해라는 바다를 사이에 두고 중국의 강남에서 이룩한 경제성장이 큰 영향을 미친 상호작용의 결과였습니다.

명나라 정부의 입장에선 '왜구', 즉 밀무역업자는 지극히 귀찮은 무리였습니다. 법대로 탄압해 봐야 저항만 불러 오히려 치안이 악화될 뿐이었지요. 차라리 모른 척하는 편이 더 좋다는 입장이었습니다.

바꿔 말하면, 그만큼 명대의 시스템이 더는 시대에 맞지 않게 된 것입니다. 정부가 인정하지 않는데도 사주전이나 은이 통화로서 시중에 유통되는 것 자체가 민간 경제사회의 명조에 대한 불신임과 불복종이라고 할 수 있습니다.

대항해 시대에 편승해 활황을 맞이한 민간의 사회경제에서 명조의 정책은 걸림돌에 지나지 않았습니다. 말하자면 사회체제를 두고 민간과 정부의 괴리가 현저해진 것입니다. 국가의 권력이나 법

률에 얽매이지 않고 살아가겠다는 자세는 오늘날의 중국인들에게도 두드러집니다. 그 원형은 바로 이 시대에 태어났습니다.

북쪽의 유목민과 남쪽의 왜구에 의한 폭동 빈발

이 무렵의 결정적인 사건은 바로 16세기 중반에 일어난 '북로남왜(北虜南倭)'입니다. 글자 그대로 풀이하면 '북쪽의 유목민과 남쪽의 왜구에 의한 폭동' 정도를 의미하지만 제각각 명나라 중앙 정부를 위협하는 일대 외란으로 발전했습니다.

먼저 남쪽은 절강성(浙江省)에서 광동성(廣東省)까지 이르는 연해 지역에서 왜구들이 난동을 부렸습니다. 명나라 관헌이 밀무역을 탄압한 데서 비롯된 것이었는데, 일단 현실을 도외시한 정책에서 비롯된 사태인지라 좀처럼 수습되지 않았습니다. 역사에서는 이들을 '가정(嘉靖)의 대왜구'라고 부르는데, 명나라 가정제의 재위 기간에 왜구의 침탈이 가장 심했기 때문이지요.

북로(北虜, 북쪽 오랑캐로 몽골인과 여진족을 뜻한다) 역시 같은 시기에 일어납니다. 몽골이 만리장성을 넘어 침입해 수도 북경을 포위하게 된 것이지요. 그들이 침략한 목적도 무역이었습니다. 특히 차를 원했어요.

유목민인 그들의 식생활은 유제품이나 고기 등 동물성 먹거리가 중심입니다. 그런데 이것만으로는 비타민이 결핍되어 건강에 해롭습니다. 더구나 그들은 채소도 필요로 했지만 재배하지 않았어요. 그래서 적어도 차로 식물성 영양, 비타민을 보충하려고 한 것입니다. 대신 몽골 측에서는 말을 제공하기로 했어요. 이것을 '차마무역(茶馬貿易)'이라고 합니다.

당초에는 몽골 측도 온건하게 교섭하려 했으나 쇄국정책을 표방하는 명조는 현물 거래를 계속 거부했습니다. 오히려 이 당시에는 바다에서든 육지에서든 밀무역 단속을 대대적으로 강화하고 있었습니다.

그래서 몽골도 군사행동으로 나선 것이지요. 몽골제국 시대와는 달리 당시의 몽골은 불교(라마교) 국가가 되어서 교리로 살생을 금지했기 때문에 그다지 호전적이지는 않았습니다. 그런데도 장성을 넘어 북경을 포위해 공격하려 할 정도였으니, 상당히 절박한 상태였음을 짐작할 수 있습니다.

결국 몽골인과 '남왜'가 일으킨 외란에 대해 모두 명조 정부가 한 발 뒤로 물러나게 됩니다. 몽골과는 화의를 맺고 내몽골 지역에서의 거래를 인정했습니다. 또, 일본과의 교역도 중국인들이 하문 해상으로 나가서 할 수 있도록 했습니다. 다만 이것은 어디까지나 예외적 상황으로 간주되었습니다.

이 시기에도 쇄국이라는 표면상의 기본자세는 견지했다는 것이지요. 현실과 괴리된 이런 모순은 오히려 치안을 악화시킵니다. 특히 다른 종족과 접하는 변경지에서는 더욱 그렇습니다. 마카오, 하문처럼 정부의 통제력을 벗어난 '사각지대'가 다수 출현했습니다. 그중 하나가 동북쪽 끝에 위치한 요동(遼東)입니다.

이곳은 개간이 잘된 농경지로서 한인들도 이주하고 있었지요. 지금도 동북 3성의 중심지인 그 주변은 숲이 울창한 수렵 지대였습니다.

만리장성 수준은 아니지만 동북 3성은 서로 성곽과 울타리로 경계를 이루고 있었습니다. 주민들을 대략 나누면 한쪽은 한인, 다른 한쪽은 퉁구스계의 여진족이라는 수렵민으로 보면 됩니다. 여진족이 한인에게 수달 등의 모피나 인삼 등을 파는 거래가 이루어졌기 때문에 이곳도 '북로남왜'에서 볼 수 있었던 것처럼 당국의 통제가 느슨한 '사각지대'였다고 볼 수도 있습니다.

명나라 시대에 경제 발전과 함께 민간 역량의 증대

이처럼 경제와 무역에서 국가보다 민간의 역량이 증대한 것이 명나라 시대였습니다. 그것이 세계사의 동향과 밀접하게 연결되고 병행되었던 것이 우선 중요하지만, 이에 못지않게 중요한 것은 이 모든 것이 정치 권력과 괴리된 상태에서 진행되었다는 점입니다. 이것은 앞으로 중국의 동향을 규정하는 포인트가 됩니다. 지금까지 명나라 정치사는 거의 서술하지 않았습니다. 이후에도 언급하지 않겠습니다. 민간과 경제로부터 괴리된 정치는 단지 계파 싸움과 권력 투쟁을 불러일으켜 '찻잔 속의 태풍'이라고 할 수 있기 때문이지요. 정치 지도자들이야 목숨을 건 권력투쟁이지만, 주변국은 아무래도 좋고 상관이 없습니다.

황제도 태조 주원장과 영락제 외에는 그다지 기억할 필요가 없을 것 같아요. 정치가 · 관료 역시 마찬가지로 이렇다 할 인물은 없습니다. 확실히 명대의 역사는 민간의 동향을 중심으로 짚어야 한다고 생각합니다. 일단 정치는 생략해도 좋지만, 경제 활성화는 사회 · 문화에 결정적인 영향을 미치니까요. 그 현상에 대해서는 조금 소개해 두어야 할 것입니다. 먼저 문화의 통속화라는 점을 들 수 있습니다. 이 역시 정치권력과의 괴리가 크게 작용하고 있습니다.

먼저 민간의 왕성한 출판업과 이에 보조를 맞춘 도서의 다양화입니다. 딱딱한 것이라면 과거시험의 참고서로 쓸 경서(經書) · 사서(史書)의 해설책이나 다이제스트판이 많이 나왔습니다. 더 일반용으로는 백화소설(白話小說)을 들 수 있습니다. 즉, 구어체 이야기로 누구나 즐길 수 있는 강담(講談, 강연식 말투)에서 발전한 것입니다.

소설이라고 하면 지금이야 일반적이지만 동아시아에서는 이때서야 본격적으로 시작됩니다. 중국 고전문학에서 친숙한 《수호지》, 《삼국지연의》 등이 모두 이때의 산물입니다. 중국의 백화소설은 동아시아의 근세 문학에도 큰 영향을 끼쳤기 때문에 단지 중국만의 이야기로 치부할 것은 아닙니다.

그 외에 실생활에 도움이 되는 실용서들이 많이 출판되었어요.

서광계(徐光啓)가 편찬한 실무적인 《농정전서(農政全書)》나, 1637년 송응성(宋應星)이 지은 산업기술서 《천공개물(天工開物)》이 유명합니다. 이것 역시 당시 세계와 연결된 중국에 서양의 영향이 미친 결과라고 할 수 있습니다.

주자학을 비판한 양명학으로 서민도 유교를 이해

이러한 민간 비중의 증대와 서민문화의 융성을 나타내는 것으로 양명학(陽明學)이 있습니다. 왕양명(王陽明)이 만든 유교의 학파입니다. 왕양명은 본명이 왕수인(王守仁)이라고 하는데 당대 최고의 유능한 관료였습니다. 명조에서는 드물게 업적이 뛰어난 관료로 알려졌지만 역시 사상가로 보아야 할 인물입니다.

명나라 이후 중국의 정치체제가 공인한 것은 주자학(朱子學)입니다. 엘리트들은 모두 성리학(性理學)을 공부하고 과거에 응시해 관료가 되는 것이 관례였습니다. 또, 주자학이란 원래 엘리트의, 엘리트에 의한, 엘리트를 위한 학문이었기 때문에 민간에는 상당한 위화감도 주었습니다. 양명학은 그런 풍조에 따라 나타난 것입니다.

양명학의 발상 자체는 경서의 문헌을 고증하고, 해석을 통해서 얻어지는 철학적인 것이었습니다. 하지만 그 부분은 저 자신도 잘 모르고, 어려운 교리를 잘 설명할 자신도 없습니다. 섣불리 시도하다가는 길어질 것 같기도 해요. 그래서 하나만 눈여겨보도록 하겠습니다.

주자학과 대척점에 있는 양명학은 일반인과 엘리트를 구별하지 않는 학문이었습니다. 교리도 그렇지만 학습하는 방법도 그랬습니다. 그래서 '강학(講学)'이라고도 합니다. 경전의 문장을 읽고 공부하는 독서가 아니라 그것을 해설하고 토론하는 구술 중심의 세미나 방식입니다. 앞서 말한 강담이나 백화소설 문학과도 일맥상통하는 점이 있습니다. 강학의 형태라면 문자를 읽고 쓸 수 없는 서민도 유교의 교리에 접근할 수 있지요.

이런 부분은 실용서가 많이 나온 당시의 사회 풍조의 산물이라고 해도 좋을 것 같습니다. 그래서 현실정치에도 도움이 되는 경세(經世) 사상이 민간에 알려지고 성행하는데, 그것도 바로 양명학에서 유래한 것이지요.

사실 서민들도 양명학을 가까이했고, 서민 출신 양명학자도 있었습니다. 그런 가운데 과거의 유교와 공자의 권위를 부정하고 남녀평등을 주장하는 과격한 사상으로까지 치닫던 이탁오(李卓吾, 유교 사상에 맞서 자아 중심의 혁신 사상을 주장했지만 박해로 감옥에서 자결했다) 같은 사상가까지 나타났습니다.

향신들이 지방 정치를 장악해 특권과 영향력 행사

엘리트 권력의 기반 위에서 이러한 자유로운 서민적 사상과 문화가 탄생한 배경으로 꼽을 수 있는 것은 바로 민간경제와 지역사회의 역량 증대입니다.

지역사회라고 해도 균일하게 서민만 살고 있었던 것은 아니고, 거기에도 나름의 경쟁이 있고 차이가 만들어집니다. 권력이나 제도의 손길이 미치지 않았던 만큼, 오히려 생존 차원의 경쟁은 더욱 심했을지도 모릅니다. 이러한 경쟁과 타협 속에서 새로운 질서가 생겨났는데, 거기까지는 관료가 개입하거나 관여할 여지가 적었던 것 같습니다.

과거에 합격해서 엘리트의 지위를 획득하면 관료로 임관하지 않아도 사회적 특권을 얻을 수 있었습니다. 그런 엘리트를 '신사(紳士)'라고 불렀습니다. 당시의 서민들은 신사를 진심으로 존경한 경우도 있었겠지만, 대부분은 이해타산을 따져 자신과 가까운 신사를 중심으로 결집했습니다. 즉, 자신의 일가와 재산을 신사에게 의탁한 채, 그 특권을 누리면서 안전을 도모하고자 했던 것이지요.

또, 신사 쪽에서도 임관 부임을 외면하고 고향이나 지역에서 살기를 바란 사람이 적지 않았습니다. 중앙권력으로 진출해 얻는 출세와는 거리를 둔 것이지요. 이렇게 지역사회에서 서민들의 지지를 얻어서 세력을 늘린 신사를 특히 '향신(鄕紳)'이라고 합니다. 거의 학술적인 용어인데, 명대는 이러한 향신의 존재감이 현격히 높아진 시대이기도 했습니다.

이들은 원래 대지주 출신이거나 경제적으로 부유했는데 그뿐만이 아니었습니다. 강학이나 출판과 관련된 문화 활동도 대개 이런 향신들이 중심이 되었고, 정치적 활동을 통해 지방 정치를 좌지우지할 정도로 큰 영향력을 발휘하기도 했습니다. 심지어 중앙의 당파 싸움으로까지 발전한 사례도 있습니다. 이외에도 '북로남왜'에 관한 대외적인 분쟁에 관여한 흔적도 있을 정도로 그들의 활동은 다양하고 활발했습니다.

'성세에는 소관이 많고, 쇠세에는 대관이 많다'

명나라 300년은 이전 시기와 구분되는 매우 뚜렷한 정치와 사회의 관계성을 만들어 냈습니다. 이것이 오늘날 중국의 토대가 되기도 합니다.

그 구조를 살펴보고 싶습니다. 먼저 그에 대한 단서로서 이 시대를 살았던 대학자 고염무(顧炎武)의 이야기를 소개하겠습니다. 그의 유명한 글 중 '향정지직(鄉亭之職)'이라는 글에 다음과 같은 구절이 있습니다.

'小官多者 其世盛. 大官多者 其世衰.'

(소관다자 기세성. 대관다자 기세쇠.)

'성세에는 소관이 많고, 쇠세에는 대관이 많다.'

아주 짧은 문구라서 해설이 필요합니다. '소관'이란 문자 그대로 신분이 낮은 관료를 가리키지만, 현재로는 도지사 이하 지방의 말단 관리를 떠올리면 좋겠습니다. 이들은 민간에 직접 밀착된 존재입니다. 반대로 '대관'은 고위 관료를 말하는데요, 그 아래 많은 관료를 두고 있기 때문에 아무래도 서민들로부터는 떨어져 있습니다. 이런 대관들만 많으면 민간의 동향이나 의견을 알 수 없기 때문에 세상이 망가진다는 것입니다.

직접 명시하지는 않았지만 바로 동시대인 명대의 정치 상황을 지칭한 것이 분명합니다. 고염무는 관민 괴리의 실태를 한탄하고 있는 것입니다.

또, 이 구절 앞에서는 '대관 위에 대관을 두어 비리를 단속하려 하는데 애당초 비리의 근원을 없애야 한다. 그러나 그런 것은 하지 않았다. 서민과 마주하는 관료는 아무도 없다'라고 했고, 이어서 '명나라 초기 홍무제 때는 아직 지역과 밀착한 소관이 많았다'라고 치켜세운 후 '15~16세기에 들어서자 대관만 남게 되었다'라고 적었습니다.

액면 그대로 본다면 명나라 초만 해도 권력이 아직 민간 사회를 장악하고 있었지만 대항해 시대 이후에는 그런 힘이 실종된 것 같습니다.

민간의 역량이 증대하면서 무능력한 정부에 저항하고, 정부엔 대관들만 가득해져 민간과 괴리되어 버리는 현상이 병렬적으로 나타난 것이지요. 당시 명조 당국은 이미 행정 실무에는 손길이 미치지 않는 상황이었어요. 지역사회에 눈길이 미치지 않는 상황에서 그 틈새로 헤게모니를 노리는 향신들이 등장했다고도 볼 수 있습니다.

7장

청의 지방 분권과 서양 열강의 침탈

A BRIEF HISTORY OF CHINA

청조의 전신은 요동에서 만주인이 건국한 아이신국

일찍이 동양사의 세계에서 명조의 역사는 '보잘것없다'라고 하는 것이 정설이었습니다. 유명한 황제가 없었다든가, 영웅이 등장하지 않았다든가 등 이유는 여러 가지가 있었다고 생각합니다. 그 때문인지 좀처럼 연구가 진행되지도 않았어요.

대조적으로 명조에서 이어진 청조는 일찍부터 연구가 활발하게 진행되고 있었습니다. 많은 명군을 배출하고 학문이 발달한 시대이기도 합니다. 게다가 서양 열강들도 중국사의 무대에 등장합니다. 현대로 이어지는 근대를 포함한 시대라는 점 역시 흥미를 끄는 요소입니다.

그러나 요즘은 앞 장에서 말했듯이 명대가 매우 중요한 시대였다는 것을 알게 되었습니다. 당시 구축한 정치, 경제, 사회 시스템이 좋든 나쁘든 오늘의 주춧돌이 되었기 때문이지요. 그렇다면 지금까지 각광받고 있던 청대에 대해서도 일정한 재검토가 필요할 것입니다.

17세기(명 말)와 19세기(청)를 비교하면 형태는 거의 비슷하지만 청나라의 경우 그것이 점점 극단적으로 치닫고 있었다는 사실을 말할 수 있겠습니다. 즉, 명대에 만들어진 시스템의 경향이 청대에 와서 한층 더 양적으로 팽창했다는 게 청나라 시대의 특징이라고 생각합니다. 학계에서도 명 · 청 시대라고 많이 말하고 있고, 연속된 시대로 보는 경우도 많아요. 물론 명나라와 청나라는 왕조가 다른 민족이고 시대와 성격이 다른 정권이기 때문에 완전한 연속이라고 하기는 어렵습니다. 그래서 그 언저리에서 벌어진 다른 움직임을 살펴보고 판별하는 것이 중요합니다.

청조의 전신은 1616년 요동 지역에서 만주인이 건국한 아이신국입니다. '아이신'은 만주어로 금(金)을 뜻합니다. 이미 같은 종족이 세운 금(金) 왕조가 12세기에 존재했기 때문에 이 나라는 한자어로 후금(後金)이라고 불려 왔습니다. 이후 1636년에 '대청국(大淸國)'으로 개칭했습니다.

그들이 지향한 것은 몽골제국과 같은 거대한 정권을 세우는 것이었습니다. 그것은 '대청국'이라는 국호를 통해서도 알 수 있습니다. 쿠빌라이가 만든 '대원국(大元国)'을 연상하게 할 만한 이름입니다. 거기에는 이유가 있어요. 이 둘은 유목민과 수렵민이라는 차이만 있을 뿐 인종으로는 몽골인과 비슷했고, 유럽에서는 모두 '타타르'라고 불렸으니까요. 그리고 무엇보다 칭기즈칸의 후예들임을 자처했습니다.

1644년 청조가 북경을 제압하고 중국을 지배

만주 서쪽에는 칭기즈칸의 혈맥을 잇는 '차하르(Chakhar)'라는 몽골 부족이 살고 있었습니다. 만주인들이 그곳에 쳐들어가 몽골제국에서 전해져 내려왔으며, 몽골제국 정통의 증표라고 여겨진 전국옥새(傳國玉璽)라는 인장을 물려받았어요. 이로써 몽골인에게도 군림할 대의명분을 얻었고, 만주인의 아이신국(후금)을 탈피해 몽골인 · 한인을 포함하는 '대청국'을 세웠습니다. 이때부터 만주인의 군주는 단순히 한 지역을 지배하는 군주로 그치지 않게 됩니다. 몽골인이 보기에는 몽골제국과 마찬가지로 대칸, 한인이 보기에는 황제가 된 것이지요.

다만 중국어로 황제라고 하면 천자이기 때문에 천하에 단 한 사람뿐입니다. 그런데 명나라에도 황제가 있으므로 명나라와 청나라 모두에게 어색한 상황이 됩니다. 그런 이유로 양측은 적대하게 되지만, 국력에서 압도적인 차이가 났습니다. 만주의 인구는 당시 50만 명 안팎으로 추정되는 데 비해 명나라는 1억 명 정도였지요. 게다가 생산력도 완전히 다르고 명나라에는 서양제 대포 등 최신 무기도 있었습니다. 청나라는 중원을 향해 몇 차례나 침공을 시도했지만, 쉽사리 성공을 거두지는 못했습니다.

그런데 이런 명나라가 내란으로 멸망하게 됩니다. 1644년의 일입니다. 그해의 여러 혼란 속에서 청나라는 만리장성의 최동단에 있는 요새 산해관(山海關)을 돌파했습니다. 산해관 수비대가 혼란에 빠진 국내를 진정시키기 위해 이들을 끌어들인 것입니다. 이에 따라 청조는 북경을 제압하고 중국 전역을 지배하게 됩니다. 이것을 '입관(入關)'이라고 합니다. 중국사의 기준으로 '청대(清代)'라고 하면 이때부터를 가리킵니다.

만주인은 원래 퉁구스계로 '여진(女眞) · 여직(女直)'이라고 불리다가 나중에 '만주'로 개칭합니다. 문수보살의 '문수(文珠)'에서 유래된 것입니다. 원래 여진족에게는 한자가 없었기 때문에 소리만 가져다 써도 상관없었다고 해요. 그래서인지 '만주'라는 한자 표기는 원래 여러 가지가 있었습니다. '만주'라고 발음되는 문자를 가져다 맞춘 것이죠. 다만 이번 경우는 나중에 표기가 일정하게 유지된 데서도 알 수 있듯이 나름의 의미도 있었습니다.

작명의 포인트는 '만(滿)'에도 있고 '주(洲)'에도 있는 '삼수변(氵)'입니다. 전 정권인 명나라는 불을 연상시킵니다. 그 불을 이길 수 있는 것이라고는 물뿐입니다. 그래서 '삼수변'을 고집했다고 알려져 있습니다. '청(淸)'나라의 국명도 그 일환입니다.

또, '만주'라는 단어는 지명 같은 이미지가 있지만, 원래는 종족 이름입니다. 만주인이 살았던 땅이므로 그 땅을 서양인들은 '만추

리아(Manchuria)'라고 불렀습니다.

명조의 '화이수별'에서 청조의 '화이일가'로!

청조는 그러한 다종족으로 이루어진 정권이었기 때문에, 명나라의 국정기조인 '화이수별(華夷殊別)'의 방침을 백팔십도로 전환했습니다.

만주인들은 예전부터 명나라 사람들과 교역을 해 왔습니다. 특산물인 모피와 인삼을 팔고 농산물 등을 구입하고 있었지요. 요동반도 부근에는 한인들이 이주했고, 이전부터 서쪽의 이웃인 몽골인과도 교류가 있었습니다. 그 관계를 지속해 만주인, 한인, 몽골인 등 3족을 일체로 한 정권의 건설을 목표로 합니다.

대외무역에 몸담고 있던 한인들은 그 양상을 '화이동체(華夷同体)'라고 불렀습니다. 장성이나 해안선에서 '중화'와 분리되어야 할 '외이'가 교역을 통해서 일체가 되어 있는 모습을 표현한 것입니다. 청조는 이를 답습하듯이 다종족으로 이루어진 정권을 먼저 세우고 슬로건으로 '화이일가(華夷一家)'를 내세웁니다. 정말로 종족의 차이를 뛰어넘어 하나가 되자는 것입니다.

그리고 그 규모가 확대된 것이 바로 '입관' 이후의 청나라 역사가 됩니다. 구체적으로는 먼저 강희제 시대(1662~1722)에 명나라에 속했던 중국 전역에 더해 몽골과 티베트도 항복시켰습니다. 당시 몽골인들은 라마교를 믿었기 때문에 청 왕조로서는 그 본거지인 티베트도 끌어들이지 않으면 몽골을 안정시킬 수 없었습니다.

게다가 몽골 지역을 지배하에 둔 이후 중앙아시아의 동쪽 절반에 해당하는 동투르키스탄도 수중에 넣습니다. 그곳에는 일찍이 몽골 시대까지 불교도였던 위구르가 있었는데, 이 시기에는 무슬림의 주거지가 되어 있었습니다. 그리고 이들을 몽골의 유목 국가들이 실질적으로 지배하고 있었습니다. 그곳도 청나라의 판도에 집어넣어 지배 영역으로 굳어진 것입니다.

강희제 시대는 청대 판도의 건설과 확장의 시기였다고 할 수 있습니다. 즉, 청조는 거대한 영토와 다원적인 사람들을 거느린 정권이었습니다. 만주인에 한인과 몽골인도 있고, 거기에다 티베트인을 포함하고 무슬림도 가세했습니다. 그것을 청조의 황제가 모두 통치하는 형태였습니다.

한인, 만주인, 몽골, 티베트, 무슬림의 5대 종족 공존

그럼 어떻게 통치했는가? 〈도표 7-1〉은 역사책에 자주 언급되는 지도입니다.

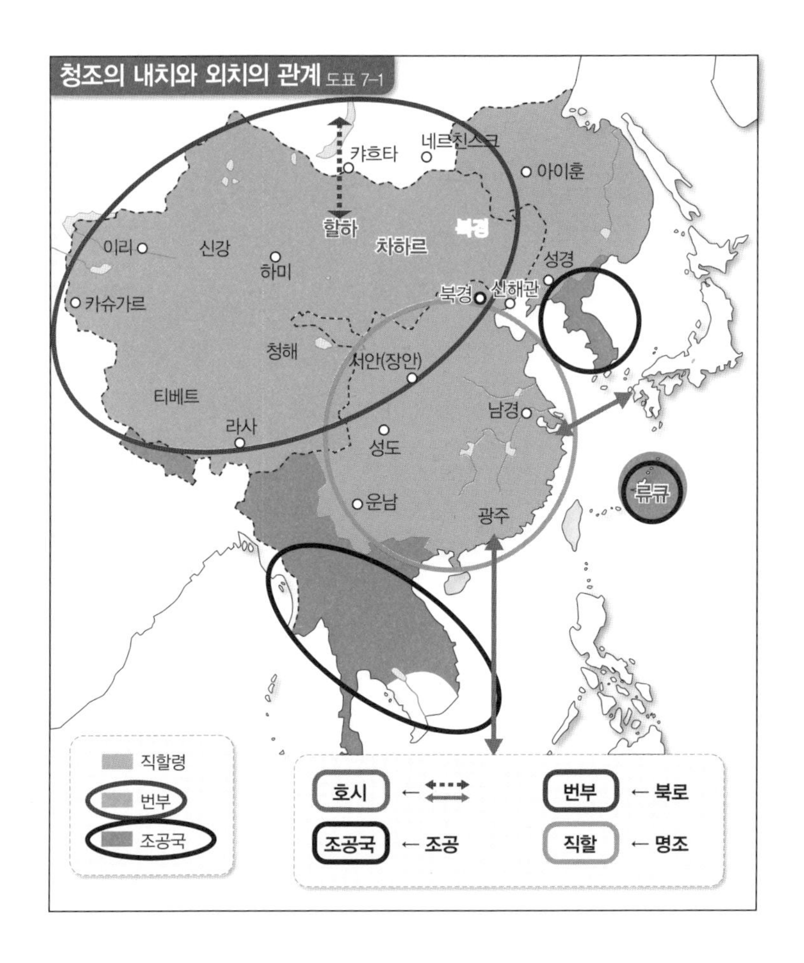

청조의 내치와 외치의 관계 도표 7-1

흔히 만주인과 한인의 지역을 '직할령'으로 하고, 몽골이나 티베트, 무슬림 지역을 간접 통치하는 '번부(藩部)', 그 주변에 위치하는 우방국을 '조공국'으로 구분해 세 지역으로 나누어 통치했다고 설명합니다.

하지만 이것은 정확하지 않습니다. 청조에서는 직할령과 간접 통치령을 나누지 않았을 것이고, 그런 발상은 없었다고 생각합니다. 그래서 이 지도 위에 동그라미와 화살표로 나름대로 수정을 해 보았습니다.

먼저 이른바 번부는 명대의 '북로'에 해당합니다. 몽골의 하부조직이나 사회구조는 모두 그대로 보전했습니다. 최정상에는 청나라 황제가 대칸으로 군림하지만 여러 부족의 지도층은 거의 바꾸지 않았습니다. 북경에서 감시 역할을 하는 관료가 파견되었지만, 기본적으로 통치를 간섭하는 것이 아니고 단지 지켜볼 뿐이었습니다.

티베트의 경우도 마찬가지여서 원래 이곳을 지배하던 최고위 승려 달라이 라마를 비롯해 다수의 승려의 지위는 그대로 뒀습니다. 또, 티베트 불교의 우두머리가 정치를 한다는 제정일치 시스템도 바꾸지 않았습니다. 오히려 청조는 적극적으로 티베트 불교의 단가(檀家, 시주를 하며 재정적으로 돕는 집)가 되었습니다. 그래서 오늘날까지도 베이징에는 옹화궁(雍和宮)을 비롯해 수많은 티베트 불교 사찰이 있습니다.

한편, '직할령'이라고 여겨진 중국 국내도 실은 통치체제를 크게 변경하지 않았습니다. 명 황제에서 청 황제로 바뀌었을 뿐 관료기구는 기본적으로 명조 시대의 것을 그대로 이어받았습니다. 물론 왕가를 비롯한 고위 지배층에는 만주인 관료가 늘었겠지만 변화는 그 정도입니다.

그렇다면 몽골이나 티베트나 같습니다. 직할과 간접 통치를 각별히 구분하지 않은 셈입니다. 분명히 중국의 경우는 북경에 황제가 있고 관료제도 잘 갖추어져 있기 때문에 '직할'처럼 보이는 것이 사실입니다. 그러나 그것은 지금까지의 방식을 답습한 것에 지나지 않았습니다.

이런 방법을 중국어로 '인속이치(因俗而治)'라고 표현하기도 하지요. 즉, 화이일가의 청조는 한인, 만주인, 몽골, 티베트, 무슬림이라는 5대 종족이 공존하는 셈인데, 각지의 재래적 시스템(俗)을 거의 그대로 살려서(因) 통치하는 시스템이었습니다.

다만 최상부에 청나라 황제가 홀로 군림한다는 것만은 동일했습니다. 이를 통해 전체를 하나로 묶어 서로 문제가 발생하지 않도록 한 것입니다.

물론 한인이나 몽골인들의 입장에서 보면 전혀 변화가 없었던 것은 아닙니다. 제도의 큰 개편이 있었을 것이고, 사회에도 적지 않은 영향을 주었다고 할 수 있습니다. 그 점을 강조하는 연구도 많이 있고, 그 변화가 중대하다고 볼 수도 있습니다.

그러나 당시 상황을 감안하고, 시야를 넓혀 객관적으로 보면 오히려 변하지 않았던 측면을 강조하는 것이 더 정확하지 않을까, 라는 생각이 듭니다. 중국 한인들의 사례로 보면 청조는 명나라의 관료제나 관민의 괴리를 바꿀 생각이 없었고, 아마도 바꿀 힘도 없었을 것입니다.

정치 조직도, 사회구조도 그대로 존치하면서 가능한 한 원만하게 통치하려는 것이 기본자세였습니다. 청나라 초기 그 유명한 옹정제의 통치는 그 전형이라고 할 수 있습니다.

옹정제의 개혁 목표는 관료의 부정부패 척결

강희제에 이은 옹정제(1723~1735)도 여러 가지 개혁을 추진한 황제로 유명합니다. 중앙정부의 조직화 · 지방의 균형 인사 · 세제의 합리화 등 많은 업적이 알려져 있습니다만, 그 목적은 대개 하나로 정리됩니다. 기본적으로 관료의 부패 척결입니다.

이것을 반대로 말하면 두 가지 현상을 지적할 수 있다고 생각합니다. 하나는 그만큼 관료들의 부패가 심했다는 것으로 이러한 체제 위기와 피로는 앞서 고염무 등이 명나라 멸망 시에 조금이나마 지적한 점입니다.

또 하나는 민간에 대한 직접적인 정책으로 폭넓게 개혁할 여지가 거의 없었다는 점입니다. 그래서 근본적인 사회 개혁이라는 것은 없었습니다. 이 또한 앞서 살펴본 고염무의 지적대로 관료 권력이 민간으로부터 괴리된 상태였음을 보여 주는 것이겠지요.

돌아보면 11세기 북송의 재상인 왕안석은 신법을 제정해 대개혁을 시행했습니다. 그중에는 중앙은행 창설이나 노역 · 군정 개혁처럼 일반 백성들의 생활과 관련된 정책이 많이 포함되어 있었습니다. 송대에는 정부 차원에서 그런 개혁이 아직 가능했습니다.

그에 비해 옹정제의 개혁은 미흡한 수준입니다. 민간의 영역이 너무 커져서 이제 정부가 직접적으로 손댈 수 없게 되었습니다. 관료제를 합리적으로 운영함으로써 그 영향이 조금이나마 민간에 미치기를 기대한 정도라고 생각합니다. 그러나 장기적으로 보면 결국 아무런 성과가 없었다는 냉정한 평가도 있습니다.

그럼에도 불구하고 옹정제는 역사상 명군이라고 되어 있습니다. 옹정제뿐만 아니라 청조 황제의 상당수가 명군으로 알려져 있습니다. 물론 강희제와 옹정제는 모두 개인적으로 뛰어난 인물이며, 헌신적인 노력을 한 것도 사실입니다. 하지만 실제로 치적을 올린 명군이라기보다는 어떻든 간에 명군이 필요했거나 명군으로 세워야 하는 시대적 · 정치적 상황, 다시 말해 선정(善政)을 표방해야 할 사정이 있었다고 보는 것이 자연스러울 것입니다.

전통적으로 내려오는 풍습이나 사회적인 관습과 제도를 가지는 여러 종족이 모인 국가를 통치하는 정점에 서는 것이기 때문에 어리석은 황제가 포악한 정치를 한다면 아무도 그 존재를 인정하지 않고 불안한 정정이 계속될 뿐입니다. 청조는 자신들의 중국 통치를 정당화하는 선정을 내세우지 않고서는 어느 종족 앞에서도 왕조의 정통성을 유지할 수 없었습니다. 한편으로 보면 청조는 그런 통치의 미묘한 균형점을 찾아 성립될 수밖에 없는 왕조였다고도 할 수 있겠습니다.

청조가 공인한 조공국 외에는 민간무역을 허용

'인속이치'라는 청조의 입장은 또, 주변국과의 관계에서도 일관되었습니다. 명조의 모습을 답습하면서도 보다 원활할 수 있도록 조금 변경했을 뿐입니다. 명조는 북로남왜에 시달렸다고 했는데, 반대로 보면 제아무리 금지해도 남방 왜구나 북방 유목민과의 무역이 왕성했다는 것입니다. 그래서 청조는 이를 억압하지 않고 오히려 촉진할 수 있도록 제도를 정비했습니다. 말하자면 외국과의 교역을 추인하는 형태가 된 셈이지요. 이것이 〈도표 7-1〉의 화살표로 나타낸 '호시(互市)'에 해당합니다. 호시는 교역 · 무역이라는 뜻의 한자어입니다.

이로써 명조의 조공일원체제가 바뀌게 됩니다. 과거 조공국이었던 한반도와 류큐, 베트남 등의 동남아시아 국가들은 그 관계를 유지하길 원했습니다.

인접국들은 조공을 통해 강대한 중국과의 관계를 안정적으로 유지할 수 있기 때문에 당연한 일이었지요. 명조를 상속받은 청조도 이에 대해 이의는 없었기 때문에 이 부분은 바꾸지 않습니다. 다만 조공국은 이들 몇 나라만이 아닙니다. 《대명회전(大明会典)》이라는 명나라 행정총람에 따르면 조공국의 수는 백수십여 개국에 이릅니다.

'조공일원체제' 때문에 표면적으로 조공관계만 국교로 인정했습니다. 그래서 실제로 어떤 관계였든 주변국은 조공 유무와 상관없이 모두 '조공국'으로 등록했던 것입니다. 15세기 이후 조공은 하지 않고, 왜구만 활동했던 일본도 조공국의 하나로 포함되어 있습니다.

반면 청조의 행정총람인 《대청회전(大清会典)》에 의하면 조공국은 겨우 몇 개 나라뿐입니다. 그러니까 진짜로 조공하는 나라만 조공국으로 기록한 셈이지요. 이것은 기정사실로 굳어진 민간무역(호시)을 추인한 것을 의미합니다. 이로써 청조는 공식적으로 조공하지 않는 주변의 많은 나라와의 쓸데없는 분란과 충돌을 피한 것입니다.

예를 들어, 일본에 대해서는 무역은 인정하지만, 왜구가 오면 곤란하니까 중국 상인이 일본에 갈 수 있도록 했습니다. 그로 인해 번창한 것이 나가사키의 무역입니다. 외국인의 왕래도 자유롭게 했습니다. 서양인도 동남아시아를 경유해 중국을 방문하게 되었습니다. 외국과의 무역을 금지하지 않고 될 수 있으면 간섭하지 않는다는 것이 청조의 입장이었습니다. 정부의 간섭은 거래에 대한 관세를 징수하는 정도였습니다.

또, 이 시기 주변국 중 하나로 러시아가 가세하면서 북방정책도 완전히 새로운 국면을 맞이하게 됩니다. 명나라 때는 만리장성이 이른바 국경이었는데, 청나라 때는 몽골이 다시 영토에 포함되면서 유럽에서 동진하던 러시아가 북쪽의 이웃 나라가 된 것입니다. 이에 따라 청조와 러시아 간에는 세력 범위를 확인하기 위해 17세기 말 네르친스크 조약(Treaty of Nerchinsk, 청나라가 러시아와 흑룡강을 국경으로 맺은 조약), 18세기 전반 캬흐타 조약(Treaty of Kyakhta, 청나라와 러시아 사이의 교역을 캬흐타에서만 하도록 하고, 러시아와 몽골의 국경을 정한 조약)이 체결되었고, 양국 간에 정부가 공인한 무역이 시작되었습니다. 이것도 '호시'라고 합니다.

영국은 홍차를 수입하는 대가로 대량의 은을 지불

대항해 시대의 개막과 함께 동아시아도 생산과 교역이 활발해짐에 따라 결정적으로 부족해진 것은 은입니다. 화폐 대신 사용하던 은이 없으면 중국 경제는 성립할 수 없었습니다. 명나라 때부터 이 문제는 심각해졌지만 청나라 때도 상황이 나쁘기는 마찬가지였습니다. 게다가 그것은 정부 권력으로도 통제할 수 없었습니다.

그래서 중국은 해외에서 대량의 은을 조달하기로 합니다. 명나라 때인 16세기에 은의 최대 조달처는 일본이었으나, 이후 유럽에서도 들어오기 시작했습니다. 멕시코와 필리핀 등 스페인 식민지를 경유해서 은이 대량으로 유입된 것이지요.

그런데 18세기 초, 일본에 매장된 금과 은이 대부분 채굴되자 일본은 명실상부한 쇄국 상태로 빠졌습니다. 앞 장에서 기술한 바와 같이 일본은 이를 계기로 그동안 수입에 의존했던 많은 제품을 국내 자체 생산으로 전환했습니다.

또, 비슷한 시기에 유럽도 '17세기의 위기'라고 불리는 상황에 직면합니다. 화산 분화에 의한 한랭화와 그에 따른 정정 불안의 확대 때문에 불황에 빠진 것인데, 이로 인해 아시아에 은의 공급이 끊겼습니다.

즉, 중국에는 일본, 유럽 어디서부터도 은이 들어오지 않게 되었던 것이지요. 갑자기 통화 공급이 부족해진 상황에 빠진 것입니다. 이로써 17세기 후반의 중국에는 통화량이 줄면서 물가가 하락하는 대규모 디플레이션이 닥쳤습니다. 예를 들어, 당시의 쌀값 추이를 나타낸 것이 〈도표 7-2〉인데 얼마나 극단적으로 내려갔는지를 알 수 있습니다.

그러나 17세기 말 이후가 되자 경기는 급속히 회복되어 물가가 상승하고 인구도 급증합니다. 일단 청조 정부가 반청의 기치를 내걸고 네덜란드로부터 대만을 수복한 정성공 일족을 평정해 해외 무역을 본격 개방한 덕분입니다. 여기에 새롭게 등장한 서양 제국, 특히 영국이 대량의 은을 중국에 공급하게 되면서 경제에도 숨통이 트였습니다. 말하자면 호시의 효용입니다.

산업혁명을 거친 영국은 도시에 노동자가 급증하고 있었습니다. 그들 사이에서 폭발적으로 퍼진 풍습이 바로 홍차를 마시는 것입니다. 당시 홍차를 생산하는 곳은 중국뿐이었고, 그래서 영국은 홍차를 수입하는 대가로 대량의 은을 지불한 것입니다. 이로써 건륭제 시대(1735~1795)에 중국은 인플레가 지속되고 물가는 V자

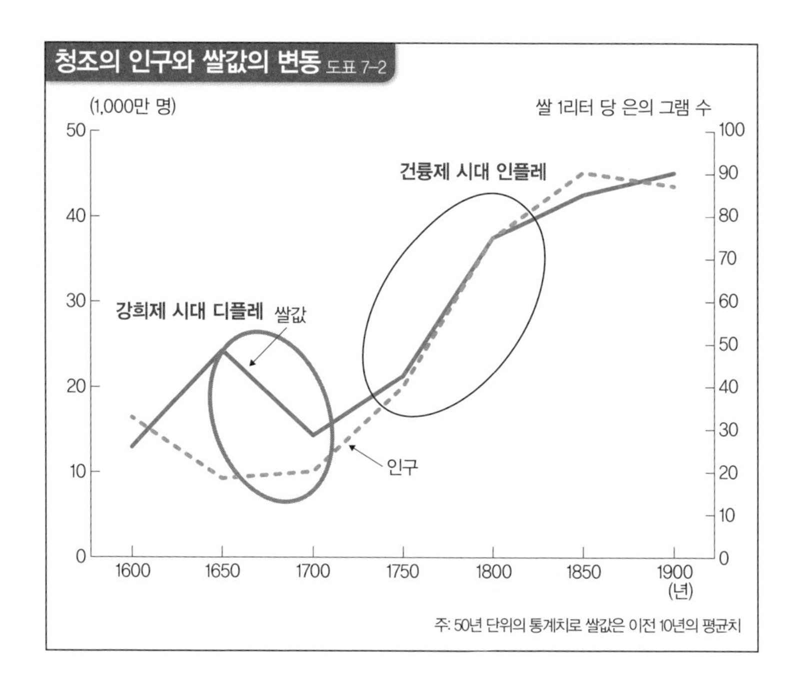

회복을 이루게 되었습니다. 당시의 중국 경제에 은을 수출하던 일본이나 유럽이 얼마나 중요한 역할을 수행하고 있었는지를 알 수 있습니다.

참고로 유럽의 산업혁명은 아시아와의 교역이 출발점이 되었다는 설이 있습니다. 예를 들어, 면화나 면포는 원래 인도의 특산품이었어요. 유럽은 그것을 수입할 뿐이었는데, 스스로 생산지 개척에 적극적으로 뛰어든 것입니다. 그래서 면화 재배에 맞는 기후의 땅을 찾다가 식민지였던 미국 남부에서 대대적으로 면화 생산에 나선 것이지요.

그러나 그것을 면사나 면포로 만들기 위해서는 대규모의 일손이 필요합니다. 유럽에서 그만큼의 노동력을 확보하는 것은 어려운 형편이었지요. 그래서 기계를 통한 대량생산을 모색하게 된 것입니다. 또, 차와 비단 등 중국의 특산품을 다른 지역에서도 생산해 이익 극대화를 노립니다. 그것이 산업혁명으로 이어진 것입니다.

인구가 폭발적으로 증가한 청조의 '작은 정부' 지향

18세기 중반까지 1억 명 미만이던 중국 인구는 19세기 초까지 3억 명을 넘어섰고, 19세기 중반에는 4억 명, 20세기 초에는 4억 5,000만 명에 이릅니다. 청나라의 통치를 거치면서 인구가 폭발적으로 늘어났습니다. 다만 행정기구나 관료, 도시의 수는 그다지 증가하지 않았습니다.

당시 재정 규모를 봐도 17세기와 19세기는 거의 변한 것이 없습니다. 숫자가 바뀌지는 않았지만 18세기의 대규모 인플레이션을 고려하면 재정 규모는 오히려 축소되었다고 보는 편이 정확하겠지요.

즉, 인구는 대폭 늘어났는데 정부는 여기에 적극적인 역할과 대응을 하지 않고 있는 것입니다. 때문에 권력 행사도, 행정 서비스

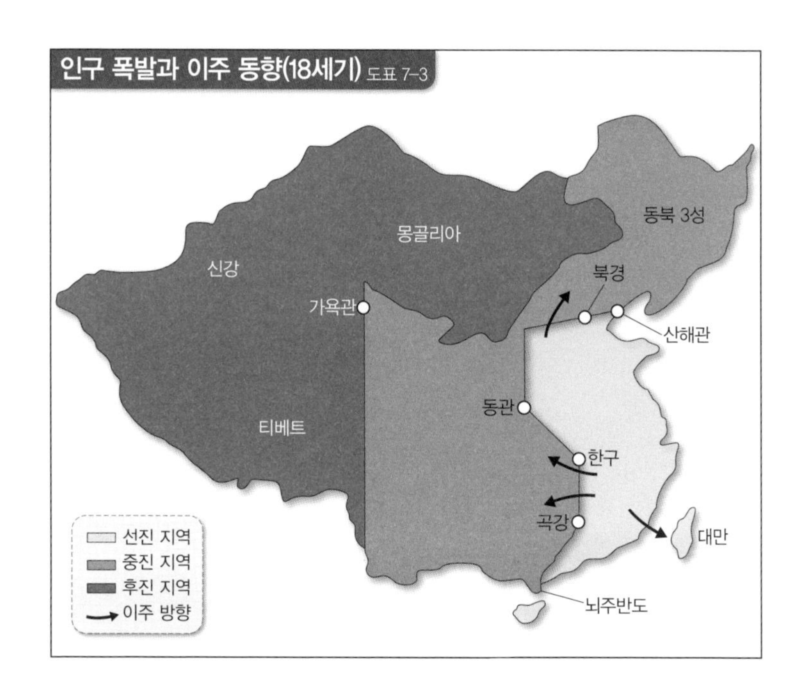

도 받지 못하는 서민들이 많이 발생했다고 봐야지요. 이미 명대부터 관민 괴리의 경향이 두드러졌지만, 청대에는 그것이 더욱 확대되었다고 할 수 있습니다.

청조의 형태는 단연코 '작은 정부'의 전형이라고 할 수 있습니다. 정부의 행정에서 하는 일이라고는 기껏해야 세금 징수나 범죄 단속 정도였습니다. 그 징세도 독점권을 가진 지주 또는 거대 상인들로 구성된 커뮤니티의 일부가 취합해 지불하는 실정이었습니다.

폭증하는 인구는 새로운 개척지로 향했습니다. 명대에 강남 · 호광이 개발되었듯이, 청대에는 동북 3성(현재의 랴오닝성, 지린성, 헤이

청조의 북방과 남방의 분업관계 도표 7-4

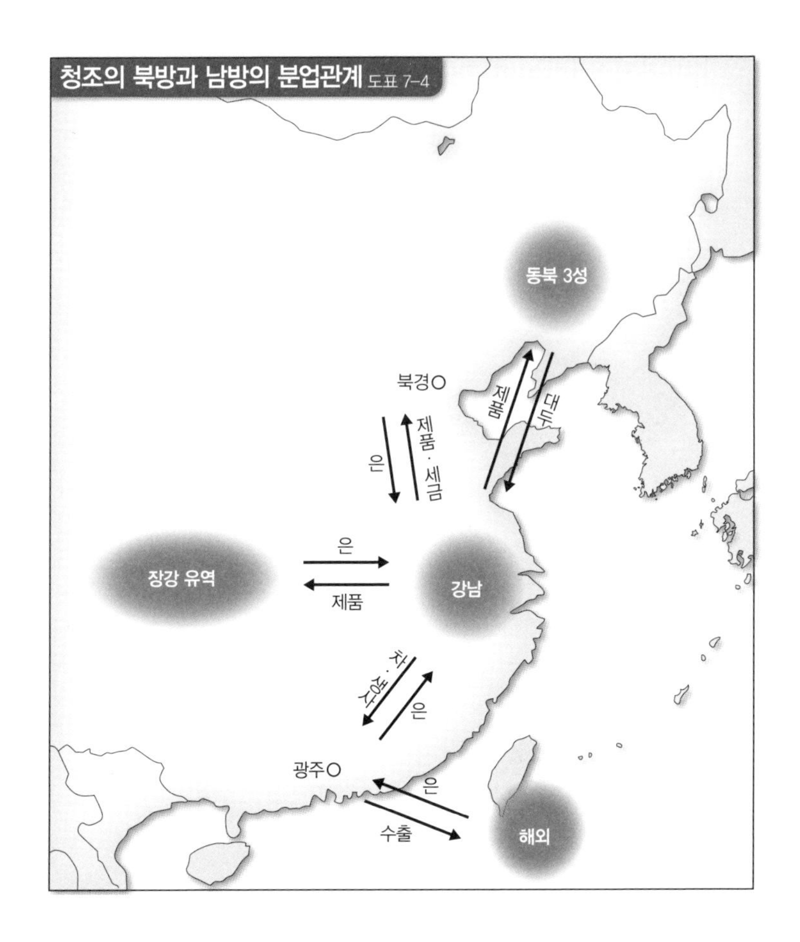

룽장성)의 삼림지대와 장강 유역의 산악지대의 개발이 진행되었고, 그곳으로 대규모 인구가 흡수됩니다. 〈도표 7-3〉을 보면 잘 알 수 있습니다.

특히 동북 3성에서는 새로운 콩이 생산되었습니다. 당시는 식용이라기보다 기름 추출이 목적이었는데, 그 찌꺼기가 강남에 비료로 반입되어 생사나 면화를 생산하는 데 일조했습니다. 〈도표 7-4〉와 같이 명대 이래의 지역분업(〈도표 6-6〉)이 한층 광범위하고 대규모로 확장되었다고 보면 될 것입니다. 이런 순환이 경제성장과 인구 증가를 뒷받침했습니다.

19세기 중반 '태평천국의 난'과 20세기 초 '의화단 사건'

인구가 늘어나면 민간 커뮤니티도 증가하게 됩니다. 그래서 이 시기 중국에서는 관료들의 눈과 손이 닿지 않는 곳에서 독자적인 민간조직이 만들어집니다.

이 무렵 일반 서민들은 별로 풍요롭지 않았습니다. 확실히 국가 단위의 경제는 발전하고 규모도 확대되었지만, 인구가 그 이상의 페이스로 증가하고 있었기 때문에 1인당 평균 생활비는 거의 증가하지 않았습니다.

경제학자 맬서스가 《인구론》을 통해 '인구 증가는 식량 생산의 증가를 웃돌기 때문에 빈곤을 초래한다'라는 '맬서스의 덫'을 설명했는데, 중국에서 그 전형적인 현상이 일어나고 있었습니다.

물론 청대에만 국한된 이야기는 아닙니다. 중국의 역사는 언제나 이 패턴의 반복입니다. 당송 변혁 때도 그랬습니다. 농업 분야에서 기술 혁신이 거듭되고 그로 인해 전체적으로 부유해지는 듯하지만 결국엔 발전한 규모만큼, 혹은 그 이상으로 인구가 늘어나기 때문에 개개인은 풍요를 누리지 못합니다.

특히 어쩔 수 없이 새로운 개척지로 이주한 사람들이 고달프고 힘든 생활을 벗어나지 못했습니다. 서부 산악 지대나 북부 초원 지대로 이주한 사람들은 군영 막사 같은 초라한 주거지에서 궁핍한 생활을 이어 갔습니다. 여기에서 그들은 굶주림을 견디며 아메리카 대륙에서 전래된 지 얼마 안 된 고구마와 담배를 재배하고 판매해 겨우 생계를 유지했습니다.

하지만 앞에서 말했듯이 정부는 이들에게 아무것도 해 주지 않았습니다. 해주기는커녕 현지의 유력자와 결탁해 절대 빈곤에 허덕이는 이주민들에게서 감당하기 힘들 정도의 세금을 거두거나 박해를 가할 뿐이었지요.

그러면 그럴수록 그들에게는 지배층과 기성 사회에 대한 불만만 쌓여 가게 됩니다. 결국 그 배출구로서 신흥종교에 빠지고 새 세상을 갈구하는 사람이 늘어나게 된 것은 당연지사입니다. 한편 이런 개척지에는 비밀결사대와 같은 종교단체가 많이 생겨나서 정부와 관료에게 대항하게 됩니다. 당연히 정부는 탄압을 가하지만 그럴수록 그들도 무장을 갖추고 점점 조직적으로 대항하다가 급기야 대규모 반란으로 이어지게 됩니다. 19세기 이후에는 이런 패턴이 여러 차례 반복되었습니다.

가장 두드러진 예로는 18세기 말에 일어난 백련교도의 난(白蓮教徒亂, 백련교 신도들이 청나라에 반대하며 일으킨 반란)이 있습니다. 이어

19세기 중반에는 태평천국(太平天国) 운동이 일어났지요. 태평천국은 기독교를 기반으로 한 '상제교(上帝教)'라는 신흥 종교 조직입니다. 그리고 20세기 초에는 의화단(義和團) 사건이 발생했습니다. 의화단은 원래 의화권(義和拳)이라고 해서 백련교의 일파라고도 하는데, 서양인들이 복서(Boxer)라고 칭했듯이 이들은 스스로 쿵후를 익힘으로써 하늘을 날아 총알을 튕겨 내는 불사조가 될 수 있다고 믿는 종교였습니다.

당연히 정부는 강경한 자세로 진압에 나섰지요. 여기서 도움이 된 것은 '양무운동(洋務運動, 19세기 후반 중국 청나라에서 부국강병을 목표로 일으킨 근대화 운동)'을 통해 서양에서 들여온 총과 같은 신식 무기와 군사 기술입니다.

유럽 각국이 금본위제를 도입하면서 은의 가치 추락

이미 18세기부터 서양은 중국의 경제와 경기 동향을 좌우하고 있는 중요한 존재였습니다. 그것을 자각하지 못한 것이 청조 정권의 패착이었고, 19세기의 내우외환을 초래하고 말았습니다. 그럼에도 불구하고 19세기 중엽 이후 청조는 '부국강병'을 목표로 산업과 군사 기술의 서구화 및 근대화를 추진하게 되었습니다. 이것을 '양무운동'이라고 합니다.

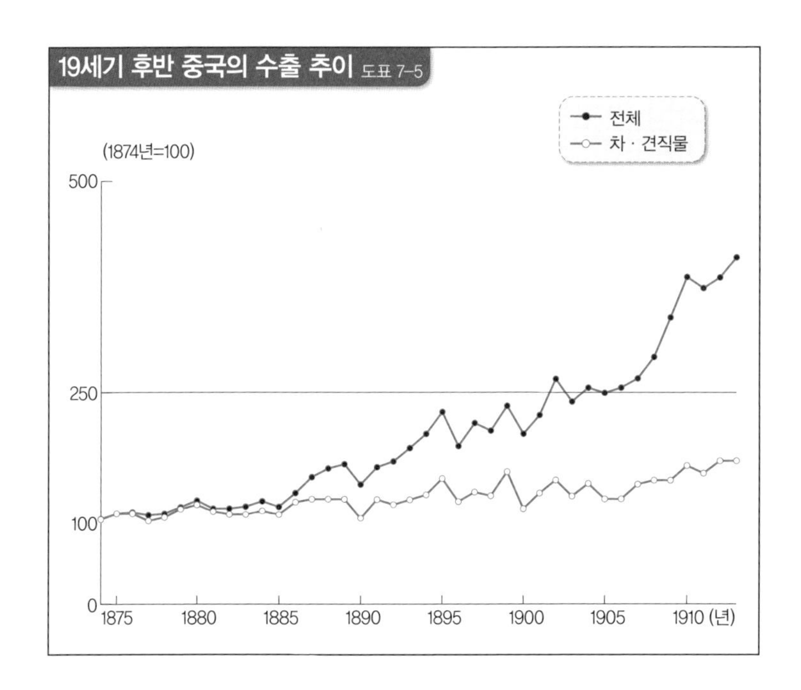

양무운동은 그 나름대로 성과를 올렸습니다만, 관민이 괴리된 상태여서 효율적으로 진행되기가 힘들었습니다. 그리고 19세기 후반 이후에 서양의 영향력이 확대된 분야는 무역입니다. 〈도표 7-5〉는 1875년 이후 중국 수출품의 추이를 나타냅니다.

1855년 무렵까지 중국의 수출품이라고 하면 차와 비단으로 한정되어 있었습니다. 모두 중국에서만 산출할 수 있었다는 것은 이미 말한 대로입니다.

그런데 그 이후 차와 비단의 수출량은 거의 비슷하지만 청조 전체의 수출량이 늘어납니다. 예를 들어, 동북 3성에서는 대두, 장강

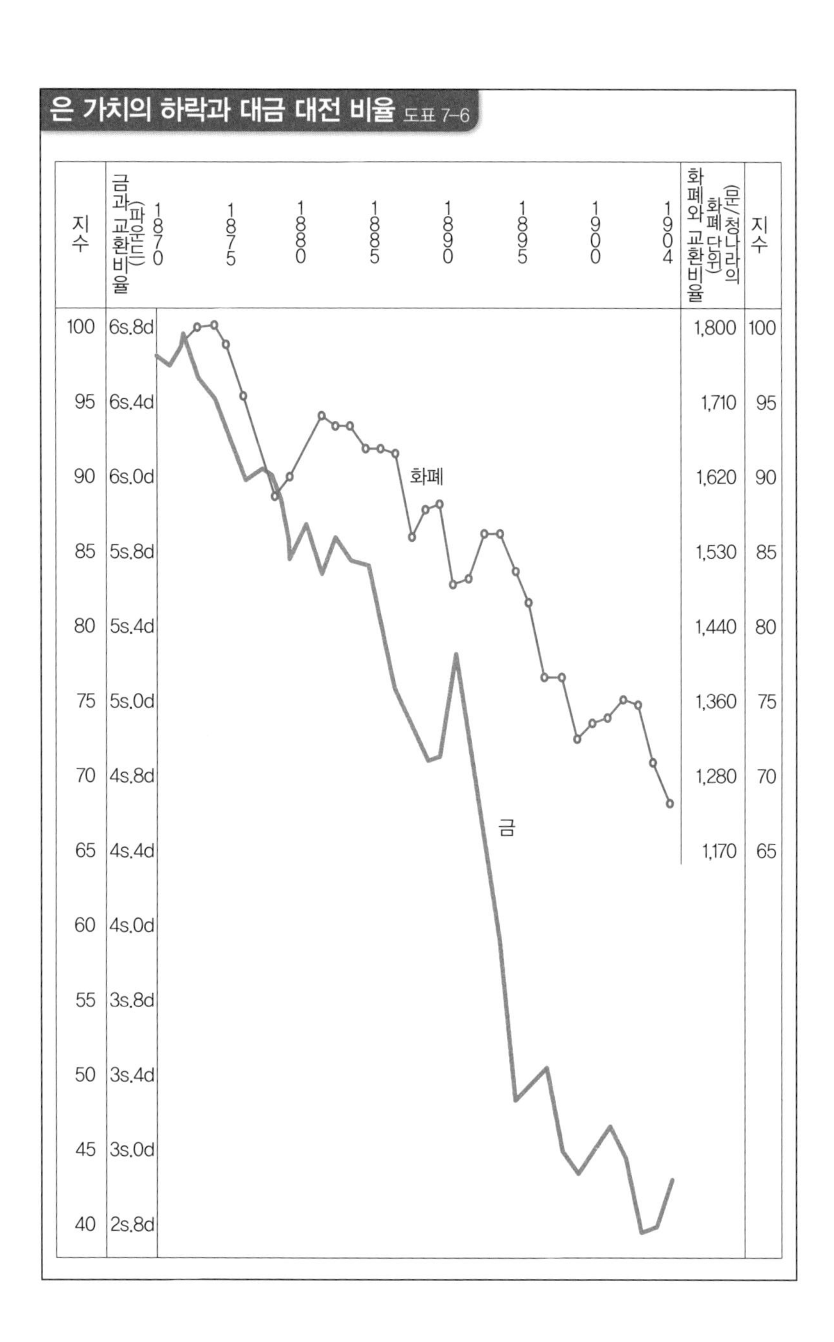
은 가치의 하락과 대금 대전 비율 도표 7-6
지수
금과 교환비율(파운드)
1870
1875
1880
1885
1890
1895
1900
1904
화폐와 교환비율(문/청나라의 화폐 단위)
지수
100
95
90
85
80
75
70
65
60
55
50
45
40
6s.8d
6s.4d
6s.0d
5s.8d
5s.4d
5s.0d
4s.8d
4s.4d
4s.0d
3s.8d
3s.4d
3s.0d
2s.8d
1,800
1,710
1,620
1,530
1,440
1,360
1,280
1,170
화폐
금

유역에서는 곡물 등 다양한 농산물이 유럽과 미국, 일본으로 대량 수출된 것입니다.

이렇게 된 데는 크게 두 가지 이유가 있습니다. 하나는 은의 가격 하락입니다. 〈도표 7-6〉은 당시 은의 환율 추이를 나타냅니다. 유럽 각국이 금본위제를 도입하면서 금을 사고 은을 방출하는 움직임이 활발해졌기 때문에 그만큼 은의 가치가 떨어진 것입니다.

그런데 중국 국내에서는 은이 통화로서 유통되고 있었기 때문에 그만큼 중국의 환율이 평가절하되는 것을 의미합니다. 즉, 대폭적인 통화가치의 하락에 의해서 국산품을 수출하기가 쉬워진 것입니다.

또 다른 이유는 제2차 산업혁명으로 유지화학공업(油脂化學工業)이 발달했기 때문입니다. 이 무렵 독일 등에서 세제 · 의약품 등을 제조했는데, 오늘날에는 석유가 사용되지만 당시는 아직 석유가 이용되지 않았습니다. 때문에 대두(大豆)에서 얻는 기름이 귀한 대접을 받았습니다.

흥미로운 것은 이런 무역을 중국 중앙정부가 아닌 각 지역에서 각자 진행하고 있었다는 점입니다. 동북 3성은 대두를 직접 독일과 일본에 보내고, 장강 유역은 상품 작물을 유럽에 수출하는 식입니다.

앞서 말한 대로 중국에서는 오래전부터 지역분업이 진행되고 있었습니다. 그것은 국내에서 각지의 물자를 서로 교역하는 시스템

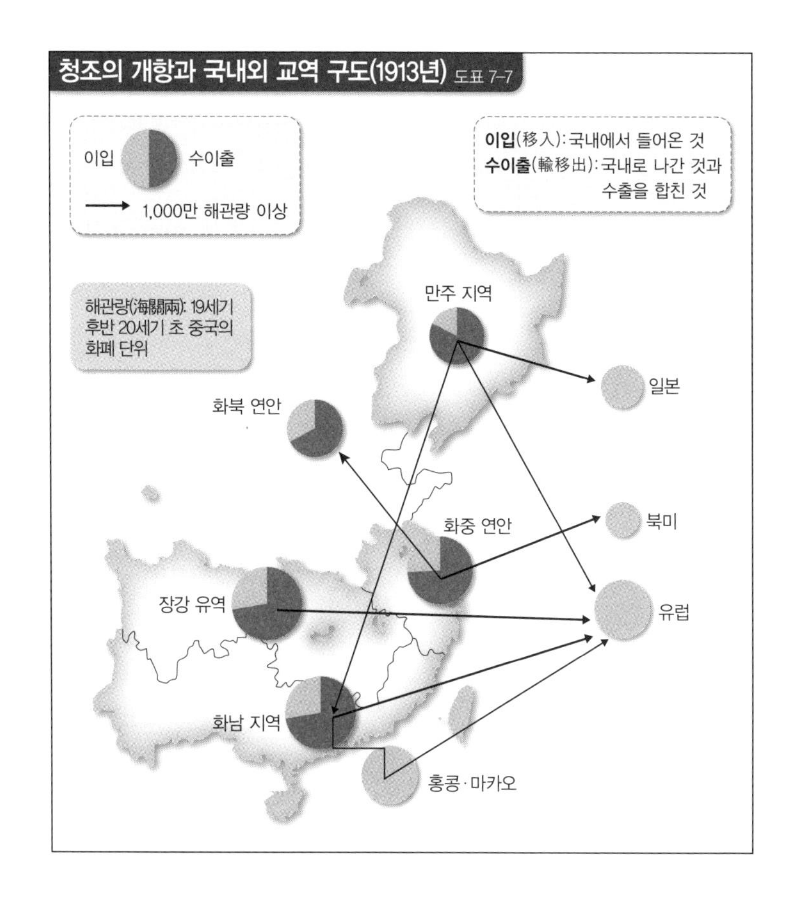

이었습니다. 청대 후반에도 물자를 다른 지역끼리 주고받는 시스템 자체는 바뀌지 않았습니다. 다만 19세기 후반에 이르러서는 그 상대가 국내가 아닌 해외로 바뀐 것이지요. 이것은 〈도표 7-4〉와 〈도표 7-7〉을 비교해 보면 일목요연하게 확인할 수 있습니다. 공업화한 서양 열강의 왕성한 수요에 응하면서 중국 각지의 경제력도 개별적으로 성장해 갔습니다.

이에 따라 각 성을 관할하는 총독(総督)·순무(巡撫) 등의 지방관이 각기 힘을 키워 지역에 맞는 정책을 개별적으로 내놓게 되었습니다. 대표적인 예가 청나라 말기 외교를 담당했던 이홍장(李鴻章)과 장지동(張之洞)입니다. 이홍장은 거점인 상해(上海)와 천진(天津)에 항만을 정비하고 공장을 건설해 해군을 창설했으며, 장지동은 임지인 장강 중류에서 참깨 등 상품 작물의 판매를 장려하고 자체 화폐를 발행하기도 합니다.

서양 열강의 침투로 청조는 '과분의 위기'에 직면

그러다가 1894~95년에 걸친 청일전쟁을 거치면서 청조의 분열 양상은 더욱 확연해집니다. 청일전쟁의 초점은 한반도를 두고 벌인 세력 다툼이었습니다. 특히 청조의 수도 북경에서 보면 이곳은 안보상 빼놓을 수 없는 요충지입니다. 청일전쟁의 패배로 인해 청조는 한반도에서의 우세뿐만 아니라 동아시아 전역에서의 지배권도 상실했습니다.

미국, 유럽, 러시아 등이 중국의 각 지역과 경제적으로 연결되었을 뿐 아니라 조차(租借) 지역의 확대나 세력권 획정 같은 형태로 정치에도 노골적으로 개입하게 된 것입니다. 청나라의 조공국이

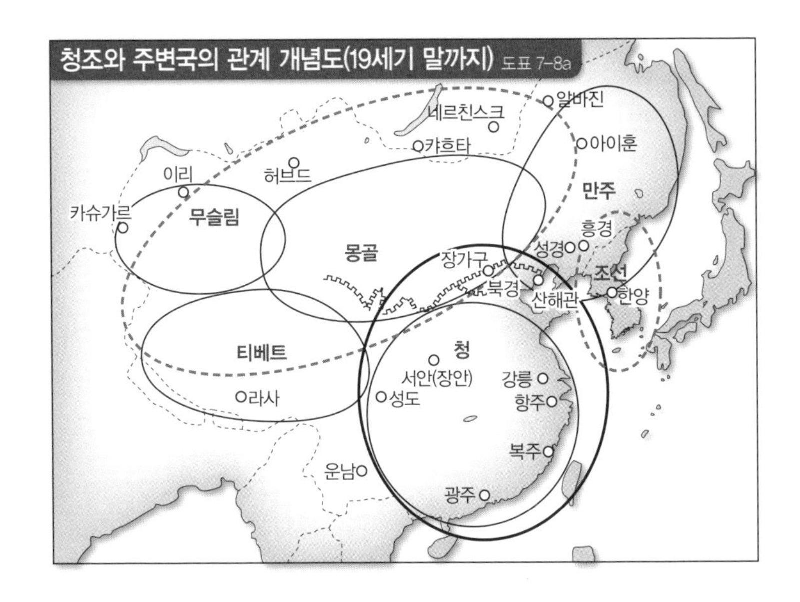

었던 류큐(현재의 오키나와)와 조선도 일본에 편입되거나 독립했습니다.

당시 서양 열강의 침투로 인해 중국은 경제뿐만 아니라 정치적으로도 뿔뿔이 분할될 우려가 있었습니다. 특히 국제정세에 밝은 소장파 지식인에게 그런 위기감은 절박하게 다가왔습니다.

이런 중국을 두고 '과분(瓜分)'이라는 말이 나왔습니다. 참외나 수박처럼 잘린 음식이 된다는 의미입니다. 그때서야 비로소 청나라 관료는 변혁에 나섰습니다.

서양의 '국민국가' 개념을 도입해 자국의 영토를 명확히 한 것입니다. 분할 전후의 상황을 나타낸 것이 〈도표 7-8〉의 두 장의 지도

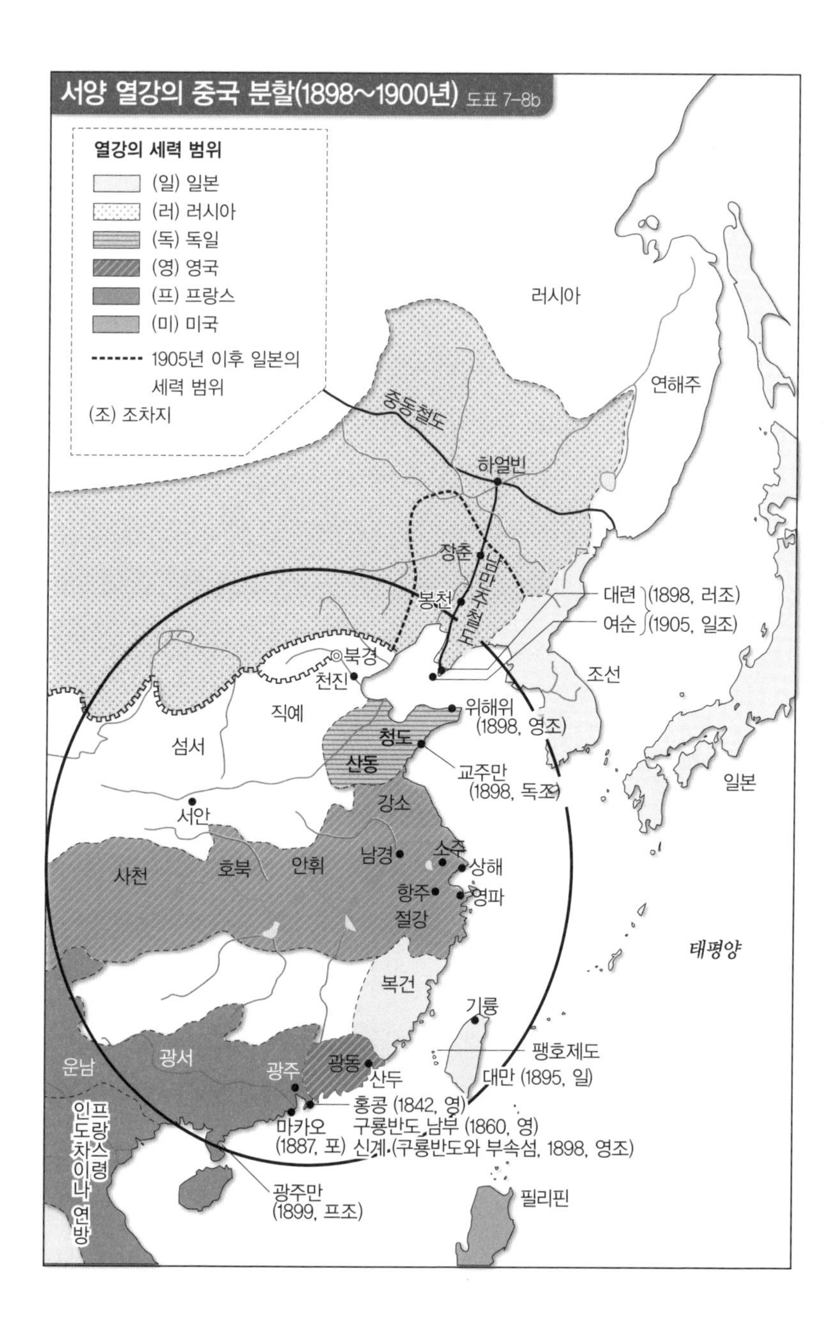
서양 열강의 중국 분할(1898~1900년) 도표 7-8b
열강의 세력 범위
(일) 일본
(러) 러시아
(독) 독일
(영) 영국
(프) 프랑스
(미) 미국
1905년 이후 일본의 세력 범위
(조) 조차지
러시아
연해주
중동철도
하얼빈
장춘
남만주철도
봉천
대련 (1898, 러조)
여순 (1905, 일조)
북경
천진
조선
직예
위해위 (1898, 영조)
청도
산동
교주만 (1898, 독조)
섬서
서안
강소
일본
남경
소주
상해
사천
호북
안휘
항주
영파
절강
태평양
복건
기륭
운남
광서
광주
광동
산두
팽호제도
대만 (1895, 일)
인도차이나 연방
프랑스령
홍콩 (1842, 영)
마카오 (1887, 포)
구룡반도 남부 (1860, 영)
신계 (구룡반도와 부속섬, 1898, 영조)
광주만 (1899, 프조)
필리핀

입니다. 앞서 말했듯이 조선은 조공국이었지만 내정과 외교의 간섭을 받지 않는 자주국이었습니다. 그 결과 조선은 청조로부터 이탈해 독립했고, 이후 일본에 병합되었습니다. 또, 조공국이던 류큐가 '류큐처분(琉球処分)'으로 일본의 일부가 되었고, 베트남도 프랑스의 식민지가 되었습니다.

당시 급변하는 국제정세에 영향을 받는 지역은 조공국만이 아니었어요. 청조의 황제가 군림하는 티베트나 몽골은 '번부'로 불리며 조공국과는 다른 지위에 있었습니다. 청조는 말하자면 그 '종주권'을 가졌지만, 실제로 통치에는 별로 관여하고 있지 않았던 것이지요. 하지만 청조 정부는 조선에서의 실패를 거울삼아, 이렇게 애매한 상황을 일소하고자 '번부'에도 군대를 보냈습니다. 그리고 몽골 · 티베트에는 '종주권'이 아닌 '영토 주권'을 가지고 있다고 선언했습니다. 청조가 서양 열강의 먹잇감으로 전락하는 와중에 정신을 차리고 '하나의 중국'이라는 통일국가로 만들려고 시도한 것이지요.

청조 말기에
국민국가 중국의 탄생

중국에 '영토'라는 개념이 생긴 것은 이때부터입니다. 원래 이 말은 중국에서 만들어진 한자어가 아니라 일본어입니다. 아마도 영주의 영지(領地)를 서양식 법제 용어로 만들어 사용한 것을 청나라가 도입한 것이라고 봐야지요.

'주권(主權)'이라는 용어도 원래 중국에서는 '주인(主)의 권리'라고 하는 정도의 매우 넓은 의미였습니다. 하지만 일본에서는 국가의 자주적 통치권(sovereignty)이라는 개념을 표현하기 위해 '국가권력'이라는 의미를 담아서 사용했습니다. 중국은 이것도 그대로 가져가 사용했습니다.

그리고 또 하나, '중국(中國)'을 국가로서 자칭한 것도 이 무렵부터입니다. 이전까지 현재의 중국을 지칭하는 명칭은 왕조의 이름밖에 없었습니다. 그러나 청나라 때 자신들의 정체성을 찾지 못하고 오히려 청조에 불만을 가진 관료나 지식인들이 '청국인(淸國人)'이나 '청인(淸人)'으로 불리는 데 괴리감을 느낀다고 해서 새로운 국명을 필요로 하게 된 것이지요.

그렇다면 국명을 어떻게 지을 것인가. 당시나 지금이나 서양은 중국을 차이나(China)라고 부르고 있습니다. 거기에 한자를 차용해 '지나(支那)'라고 부르고 일반적으로도 통용되었습니다. 이에 따라 중국 측 인사들도 자신들을 '지나인(支那人)'이라고 말하기 시작했습니다.

하지만 중국 입장에서는 '차이나', 지나'는 외래어일 뿐이지요. 그래서 그들은 스스로의 말로 부르는 국명이 필요하다고 자각하게 됩니다. 바로 '중국(中國)'입니다. 앞서 말한대로(31쪽) '중국'이라는 말은 '중심 국가'를 뜻하는 일반명사로 존재했습니다. 그것을 고유명사로 바꿔 버린 것입니다.

'인속이치'라는 표현대로 원래 각지의 풍속과 시스템을 존중해 다종족국가로 출발한 청조인데, 이렇게 말기에 이르러서는 국민국가로 통일하자는 기운이 높아졌습니다. 당시 중국인의 국가에 대한 개념이나 국명에 그것이 잘 드러납니다. 그러나 실질적인 통합 작업은 20세기로 미뤄지게 됩니다.

8장

혁명의 20세기와 현대 중국의 과제

A BRIEF HISTORY OF CHINA

20세기 혁명의 시대에 중국은 국민국가 지향

20세기는 혁명의 시대였습니다. 일단 1911년에는 신해혁명(辛亥革命)이 일어났습니다. 〈도표 8-1〉은 청조의 중앙정부에서 이탈한 지방의 성(省) 정부를 나타냅니다.

특히 남쪽에 집중된 것을 볼 수 있습니다. 그중 최초로 이탈한 것은 후베이성(湖北省)의 우창(武昌, 현 우한의 일부)으로, 1911년 10월 10일이었습니다. 이후 도미노식으로 반란이 확산합니다. 반란을 일으킨 각 성의 주체는 원래 청나라 휘하에 있던 군대 조직인데, 그들이 등을 돌리며 각각 지방정부를 수립했습니다.

반란을 일으킨 대표자들은 난징(南京)에 모여 1912년 1월 1일 난징 임시정부를 수립합니다. 바로 중화민국(中華民國)입니다. 당시 베이징(北京)에는 청조가 건재했고, 청조를 여전히 지지하는 성도 있

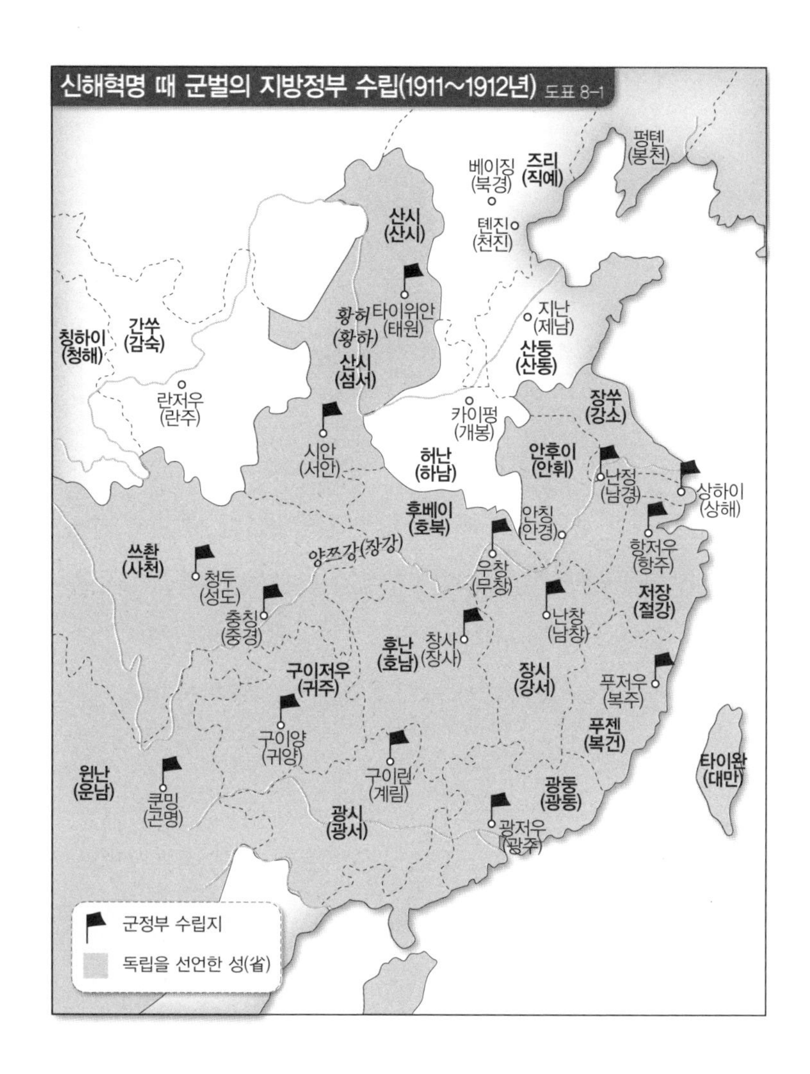

신해혁명 때 군벌의 지방정부 수립(1911~1912년) 도표 8-1

었습니다. 그래서 임시 대통령에 취임한 쑨원(孫文)은 국내 안정을 도모하기 위해 그 자리를 청조의 총리대신 위안스카이(袁世凱)에게 황제의 퇴위를 조건으로 양도하게 됩니다. 같은 해 2월 13일입니다. 이로써 약 300년간 지속된 청조는 멸망했습니다.

중화민국의 영어 이름은 'Republic of China'로 확실히 '국민국가'를 지향했습니다. 그런데 국내 현실을 보자면 이미 각 성이 제각기 세력화되어 뿔뿔이 흩어진 상태였습니다. 그만큼 지방별로 독립 지향성이 강했던 것이고, 그 구조는 청조가 중화민국이 되어도 변하지 않았습니다. 이후 지역 간 군벌 항쟁이 계속 이어지게 되었습니다.

앞 장에서 말한 대로 이미 사회 · 경제면에서는 각 지방이 제각각 직접 교역을 통해 외국과 연결되어 있었습니다. 심지어 명대부터의 관습에 따라 각지에서 화폐도 독자적으로 발행하고 있었습니다. 그렇게 자립하기 쉬운 환경이었기 때문에 신해혁명과 같은 사건도 일어난 것이지요. 당시 국내외 정세로는 당연한 귀결이었습니다.

이런 움직임을 보인 것은 각 성뿐만이 아닙니다. 기회를 틈타 몽골도, 티베트도 독립을 추진했습니다. 중화민국은 이를 허락하지 않고 군대를 보내지만 결국 물러나게 됩니다. 각각 러시아와 영국(영국령 인도 및 미얀마)이 근접해 있다 보니 열강들의 이해관계도 작지 않았고, 이제 티베트 · 몽골의 '독립'은 내정이 아니라 국제 문제이기도 했습니다. 그 후 협의를 거쳐 모두 '자치'를 인정받게 되었습니다. 중화민국은 일단 형식상 이들을 자신의 지배하에 두는 것으로 체면을 유지했지만 실제는 거의 독립 상태였습니다. 이후 몽골은 명실상부한 독립을 이루었지만, 티베트는 독립하지 못했고,

중화인민공화국이 성립된 후 군대가 진주하면서 달라이 라마가 망명하는 사태에 이르게 되는 것입니다.

해외무역으로 해안도시가 번창하고 인구도 집중

결국 중화민국도 이념은 근대적 '국민국가'였지만 실체는 청조의 '인속이치', 즉 다원공존으로 남게 되었습니다. 그 괴리를 메워 하나의 국민국가로 만들어 가는 것이 중국의 과제였습니다.

상징적인 문제가 바로 인구 분포입니다. 〈도표 4-2b〉를 보면 13세기 말 절정에 이른 강남과 화북의 격차는 시대가 지날수록 그다지 눈에 띄지 않게 됩니다. 그 대신 명대부터 대두된 것이 동서의 격차입니다. 이미 언급했듯이 이 시대부터는 해양을 통한 해외무역이 중국의 사회경제에서 중요한 위치를 차지하게 됩니다.

그 영향으로 해안을 따라 도시가 번창하고 인구가 집중하기 시작했습니다. 북쪽부터 톈진(天津), 상하이(上海), 광저우(廣州), 홍콩(香港) 순으로 짚어 나가면 잘 알 수 있을 것입니다. 이 중의 어떤 도시도 청나라 이전에는 존재감을 드러내기 어려웠습니다. 하지만 지금은 이곳들을 빼고는 중국을 말할 수 없습니다.

반면 서쪽 내륙에는 낙후지가 펼쳐지고, 또 오지인 옛 '번부(藩部)'는 미개척지가 대부분이었습니다. 이렇게 해서 인구는 남북이 아닌 동서에서 큰 차이가 나게 분포되었던 것입니다. 이 동서남북의 구조적인 격차를 어떻게 메우느냐가 청나라 이후 오늘날까지 중국 역대 정권의 큰 과제입니다.

예를 들면 2000년, 중국은 '서부 대개발'이라고 하는 개발 프로젝트를 시작했습니다. 낙후지인 서부 내륙에 사람 · 물건 · 돈을 쏟아 붓는 것입니다만 그런 격차 문제는 최근에 비롯된 것이 아닙니다. 바꿔 말하면, '중국 영토'라고 인정한 옛 '번부'를 어떻게 취급할지의 문제는 국민국가 건설이나 국내 통합 문제와 따로 떼어 내 생각할 수 없는 것입니다.

제1차 세계대전의 영향으로 중국판 산업혁명 시동

중화민국의 경우 지역 군벌끼리 전쟁을 벌인 결과 전체적으로 상황은 조금씩 정리되어 갔습니다. 앞에서 나온 〈도표 7-7〉은 1913년 군벌이 할거하던 시기의 모습을 나타낸 것인데, 〈도표 8-2〉의 1936년경을 보면 상당히 정리된 것을 알 수 있을 것입니다.

이 무렵 1910년대부터 1920년대에 걸쳐, 강남 델타에서는 명대 시대에 이은 제2차 공업화가 일어나고 있었습니다. 영국의 산업혁명과 마찬가지로 면제품 제조에 기계가 도입됩니다. 말하자면 중국판 산업혁명입니다.

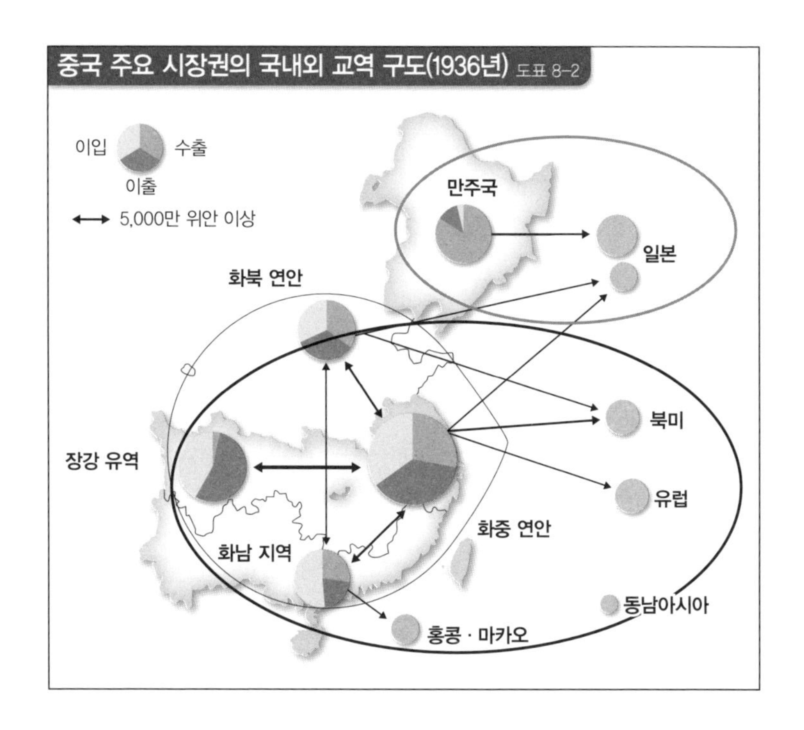

중국 주요 시장권의 국내외 교역 구도(1936년) 도표 8-2

실은 이 직전에 일본이 먼저 산업혁명에 성공하면서 중국 시장을 타깃으로 삼아 제품을 판매하고 있었습니다. 중국의 기축통화인 은의 가격이 하락하고 있었기 때문에 양쪽 모두 메리트가 있었던 것이지요.

유럽에서 제1차 세계대전이 시작되면서 각국은 금본위제를 유지할 수 없게 됩니다. 은의 가치가 일시적으로 상승했지만, 금본위제를 포기한 서구 열강이 돈을 마구 찍어 내면서 다시 금값이 치솟았고, 은의 가격은 폭락하게 됩니다. 이것은 중국 입장에서는 수입으로 공업제품의 가격이 오르고, 오히려 자국에서 생산하는 편이 저렴해진다는 것을 의미합니다. 그래서 1920년대에는 중국 각지에 공장이 건설되어 방적업이 급속도로 발달하게 되었습니다.

유럽 각국이 제1차 세계대전으로 피폐해진 가운데 중국에서는 많은 공장이 가동되고, 많은 노동자가 고용되어 그곳을 중심으로 경제가 움직이기 시작했습니다.

지역분업의 양상도 달라집니다. 지금까지는 각 지역이 직접 해외와 연결되어 있었지요. 하지만 이제는 해안 지역 공업 지대가 도맡아 각지에 공업품을 공급하면서 그 외 지역은 농산물을 해외가 아닌 자국 해안의 공업 지대로 공급하게 됩니다. 이렇게 경제 최선진 지대인 강남 델타 지역을 중심으로 다른 지역이 서로 연결되는 구조로 전환되었습니다.

이 변화를 이용해 국내의 사회적 · 경제적 통일을 이루려고 생각한 사람이 쑨원의 후계자로 지목되어 난징에서 국민정부를 수립한 장제스(蔣介石)입니다.

장제스의 국민정부와 일본제국이 만주에서 충돌

장제스의 세력 범위는 경제 최선진 지대인 강남 델타를 중심으로 한 동부 해안지역입니다. 내륙 각지는 경제적으로 이 지역에 의존하고 있었어요. 그래서 군벌들은 좋든 싫든 간에 장제스의 영향력 아래 놓이게 되었습니다.

장제스는 이런 지위를 배경으로 통화의 통일을 추진합니다. 근대 국민국가를 목표로 하는 국민정부로서 전국에 일률적으로 통용되는 통화를 만들려고 했던 것입니다.

국민정부는 지폐를 발행하고, 그것을 법정 화폐로 지정했습니다. 그것을 '법폐(法幣)'라고 합니다. 미국과 유럽 국가들도 강남 델타와의 금융 관계를 강화하기 위해 이 개혁을 지원했습니다. 세계의 기축통화인 달러나 파운드로 교환할 수 있게 해서 대외 신용을 얻을 수 있도록 하는 등 법폐의 유통을 도왔습니다.

다만 그런 흐름에서 제외된 지역이 딱 한 군데 있습니다. 일본의 영향력이 미치고 있던 동북 3성, 즉 만주입니다. 이러한 양상이 〈도표 8-2〉의 타원으로 나타나고 있습니다.

만주는 18세기부터 19세기에 걸쳐 한인의 이민이 엄청나게 증가하면서 개발이 진행되어 대두(콩)의 일대 산지가 되었고, 더 이상 만주인의 땅이 아니게 되었습니다. 그뿐만 아니라 열강들의 경쟁이 치열해지자 위기감을 느낀 러시아가 영유권을 확보하겠다고 나서며 철도 이권 등을 챙겨 가자 거의 식민지와 다름없게 되었습니다.

이 러시아에 도전해 일본이 간신히 승리한 것이 러일전쟁이에요. 1905년 포츠머스 조약을 통해 일본은 러시아의 이권 중 일부를 양도받았습니다. 이후 중국 내셔널리즘의 창끝은 이 일본 제국주

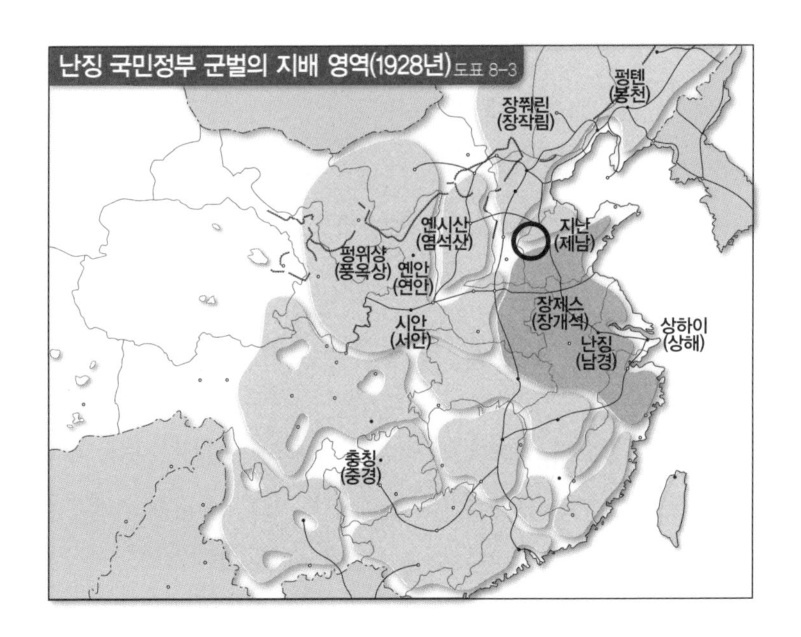

난징 국민정부 군벌의 지배 영역(1928년) 도표 8-3

의의 이권을 향하게 되었습니다.

〈도표 8-3〉을 보면 국민정부와 일본군이 장악한 만주의 경계에 있는 것이 산둥성(山東省)의 중심도시인 지난(濟南)시입니다. 1928년 이곳에서 국민정부의 북벌군과 일본군의 충돌('지난사건')이 일어났습니다.

'지난 사건'으로 인해 일본은 국민정부가 더 북상할 경우에는 러일전쟁의 승리로 자신들이 챙긴 만주의 이권을 위협받을 수 있다고 우려했습니다. 그런 의미에서 '지난사건'은 1931년에 일어날 만주사변의 전초였다고 할 수 있습니다.

또, 중국 측도 지배력이 확고했던 것은 아닙니다. 선진 지역인

연해의 도시와 후진 지역인 내륙의 농촌 사이에 본격적인 대립이 생겨났습니다. 도시 세력을 대표한 측이 국민정부를 이끄는 장제스와 그와 깊은 관계를 맺은 저장재벌(浙江財閥) 세력이며, 농촌 세력을 대표한 측이 마오쩌둥(毛澤東)이 이끄는 중국 공산당이었습니다.

농촌 중심의 공산주의 국가 건설에 나선 마오쩌둥

국민정부는 나라 밖으로는 일본, 나라 안으로는 공산당이라는 적과 마주한 셈이었어요. 장제스는 일본에 앞서 공산당을 궤멸시킬 것을 계획합니다. 먼저 국내를 통일한 후 일본과 싸울 태세를 갖추자고 생각한 것입니다.

실제로 국민정부는 공산당에 큰 타격을 입히고 산시성(陝西省)의 산골짜기까지 몰아갔지요. 그러나 국민정부의 동북 군 지도자인 장쉐량(張學良)에 의해 구금된 장제스가 강압적인 방식으로 '설득'되어 공산당과 화해하게 됩니다.

이것이 1936년에 발생한 '시안사건(西安事件)'입니다. 국민정부는 머지않아 공산당과 공동 투쟁에 나서 일본과 대치하게 됩니다. 1937년 2차 국공합작으로 항일통일전선을 결성한 후 중일 전면전으로 치닫게 된 것이지요.

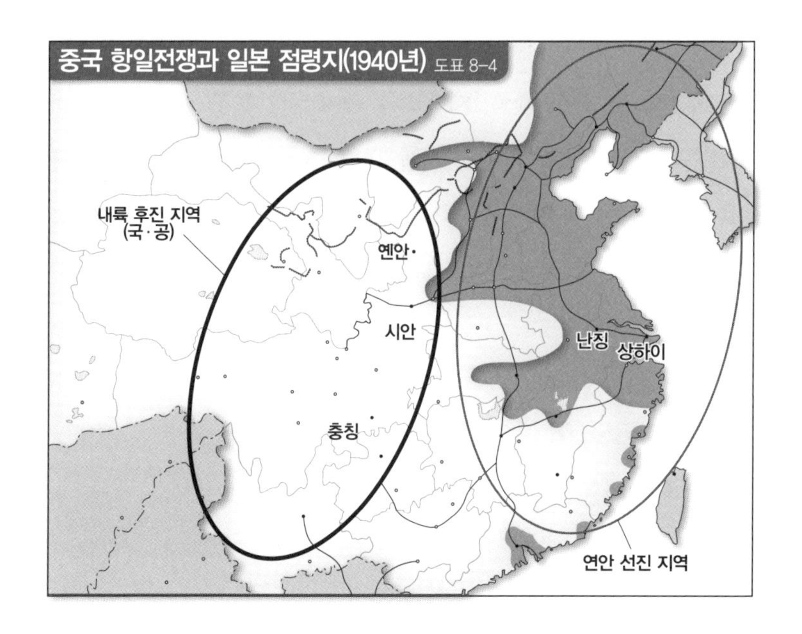

1940년 시점의 〈도표 8-4〉를 〈도표 8-3〉과 비교하면 과거 국민정부의 장제스와 군벌 장쭤린(張作霖)의 세력 범위였던 지역이 모두 일본에 점령된 것을 알 수 있습니다. 어떻게 보면 일본군은 선진 지대인 연해의 도시 지역만 관여하고 지배했던 셈입니다. 이에 장제스의 국민정부는 내륙인 충칭(重慶)으로 거점을 옮겼고, 마오쩌둥의 공산당도 내륙인 옌안(延安)을 근거지로 택합니다.

그러나 외국과 연계된 선진 지역을 빼앗기면, 앞서 말한 것처럼 경제를 통한 통일 모델을 유지할 수 없습니다. 그래서 국내는 다시 분단되어 일본 정부의 괴뢰 '만주국'이 건국되고, 장제스에 맞서 일본과 손잡은 왕징웨이(汪精衛)의 난징정부가 출범하게 됩니다.

이렇게 해서 국내가 뿔뿔이 흩어지는 구도는 청조 때부터 전혀 변하지 않았습니다. 장제스와 마오쩌둥 같은 정치 지도자가 여럿 등장하고, 또 각종 정치적 이념이나 주장이 쏟아졌지만 결국 국가 단일화는 쉽지 않았습니다. 그래서 마오쩌둥은 국민에게 농촌이 도시를 포위해야 한다고 호소했습니다. 농촌 민중의 힘으로, 선진 지대의 도시들을 빼앗으려고 한 것입니다.

그 대의명분으로 마오쩌둥은 공산주의를 이용했습니다. 물론 공산당원 중에는 사회주의 이론을 제대로 배워 자본가의 노동자 착취를 혁파하자는, 말하자면 이론 그대로의 공산혁명을 꿈꾸는 사람도 당연히 있었습니다.

그러나 마오쩌둥의 경우 본인이 가난한 농촌 출신이기도 했고, 어쨌든 농촌 중심의 국가 건설이 가장 큰 정책 목표였습니다. 그것을 납득시키려는, 정통성을 가진 수단으로 공산주의를 내세운 것이라고 생각합니다.

극단적으로 말하자면 이데올로기는 뭐라도 좋았습니다. 중국 전통을 따른다면 유교도 좋지만, 서민 · 농촌까지 일시에 개혁하기는 역부족이었습니다. 그러니 현실적인 문제를 타파하고 국민국가를 건설하기 위한, 혹은 사람들을 결집하기 위한 새로운 이념을 찾아야만 했지요. 그것이 장제스에게는 쑨원이 주창한 삼민주의였고, 마오쩌둥에게는 마르크스와 레닌이 주창한 공산주의였습니다.

중앙권력과 하부구조의 괴리라는 현대 중국의 과제

중일전쟁에서 일본이 패배해 중국에서 철수하자 중앙정부로서 장제스의 국민정부가 돌아옵니다. 그런데 전시에 사로잡아야 할 기층 사회와 하층민들의 민심이 이들과 괴리되기 시작합니다. 반면 그들의 마음을 붙잡고 있던 것이 바로 마오쩌둥과 공산당입니다. 국민당과 공산당, 양 진영의 대립은 내전으로 번졌지만, 결국 경제 운영에 실패해 도시 유력자들의 지지도 잃은 장제스가 대륙에서 쫓겨납니다.

장제스는 타이완으로 옮겨간 후에도 반체제 인사와 공산주의자들을 철저히 탄압합니다. 이른바 '백색 테러'입니다. 이것은 물론 내전의 여파이기도 하고, 또 당시의 세계적인 냉전 구도에서도 영향을 받은 것입니다.

하지만 이에 따라 중국에서는 상대적으로 마오쩌둥에 대한 평가가 더 높아졌습니다. 바로 이 시점에서 마오쩌둥은 공산주의에 의한 국가 건설에 자신감을 갖게 된 것이 아닐까 생각합니다. 지금으로서는 받아들이기 어렵지만, 당시에는 사회주의나 공산주의의 권위는 상당한 것이었으니까요.

사실 1949년에 건국된 중화인민공화국의 기본이념은 가능한 한 기층 촌락으로 내려가는 것이었습니다. 말하자면 농촌 본위를 전면에 내세운 셈입니다. '토지 개혁'을 실시해 농민에게 토지를 무상으로 나눠 준 것도 그중 하나입니다.

한편으로는 '삼반오반운동(三反五反運動, 1949~1952년 사이에 마오쩌둥 주도로 전개된 숙청 운동으로 삼반운동과 오반운동을 합친 것)'이라고 하여, 관료의 부패 등을 일소하는 운동을 전개하거나 '반우파 투쟁' 등을 벌였습니다. 그리고 그것을 빌미로 마오쩌둥에게 비판적인 인텔리층과 자본가들을 한층 더 가혹하게 탄압하기도 했지요.

이 방식은 사회주의 정치의 실현이라기보다는 명나라 초 자신의 정책에 맞서는 강남 지주 세력을 탄압했던 주원장 방식을 연상케 합니다. 그 끝에 도달한 것이 1966년부터 약 10년에 걸쳐 전개된 문화대혁명입니다. 농민, 학생, 노동자 등을 선동해 지식인과 전문직 등 상층 계층을 과도하게 숙청한 것입니다. 그 결과 나라 전체가 내전 수준으로 피폐해져 큰 실패로 끝나게 됩니다.

자기 파괴적인 문화대혁명에 대한 반동처럼 새로운 조류로 나타난 것이 덩샤오핑(鄧小平)의 개혁개방 노선입니다. 공산주의 이념과 지배체제는 남겨 둔 채 시장경제를 도입해 해외 교역도 추진하고 경제 건설을 추구한 것입니다. 그 모습은 중화 이념과 황제의 전제 통치를 그대로 둔 채 명나라식 대외 질서를 뜯어고친 청나라의 통치 방식과 겹쳐 보입니다.

최근 약간 정체하고 있지만, 개혁개방 이후의 중국은 급속한 경제 발전을 계속해 왔습니다. 부유층도 현격히 늘었습니다. '일대일로'를 시작으로 외부 세계에 대한 경제정책의 확장에도 적극적입니다. 하지만 여전히 '농민공' 등 하부 계층에도 효과적인 유효한 정책은 보이지 않습니다. 어떤 정치 · 경제 체제에서도 중국 인구의 대다수를 차지하는 하층의 인민들이 부유해지는 일은 없었습니다.

결국 중앙권력과 하부구조의 괴리라는, 명나라 이후 중국이 안게 된 구조적인 과제는 오히려 증폭되어 오늘에 이르고 있는 것처럼 보이기도 합니다. 중국 공산당은 이런 구조와 상황을 개선하고 융합시키려고 고심하고 있습니다. 그러나 중국 인민들에게 너무 자유를 주어 민주화 운동으로 연결되어서는 곤란하다고 보기 때문에 어떻게 하층민을 적절하게 통제할지에 대한 해답을 찾지 못한 것이 현실이라고 생각합니다.

시진핑 국가주석을 비롯한 중국의 공산당이 가장 두려워하는 것은 농민이나 노동자 등 하류층 사람들이 정권으로부터 괴리되고, 동시에 부유층이 외국과 강하게 결합되어 더 이상 국가를 중요하지 않게 여기는 시나리오입니다. 이것은 지금보다 더 양극화되는 것이며, 정치와 사회의 분열(단절)을 의미하기 때문입니다.

종장

세계사 속에서 배우는 중국사

A BRIEF HISTORY OF CHINA

중국 역사의 분수령은 14세기 한랭화와 대항해 시대

중국 역사의 물줄기를 가르는 분수령은 14세기였습니다. 오늘날 중국의 사회구조를 단적으로 표현하려면 '다원화'와 상류층과 하류층의 '괴리'라는 키워드를 중심으로 설명해야 합니다. 그렇다면 그 분수령은 중국 역사의 어디쯤이었나 생각해 볼 수 있습니다. 그것은 세계적인 한랭화에 의한 '14세기의 위기'와 뒤이어 유럽에서 시작된 대항해 시대라고 생각합니다.

거슬러 올라가면 중국은 기원전부터 원래 다원적인 세계였습니다. 여러 세력이 할거하면서 신분 계층도 갈라져 있었습니다. 그러다가 진 · 한(秦 · 漢)제국에 의해 통일되어 일원화 사회가 실현되었던 시기도 있었습니다.

그런데 3~4세기의 한랭화에 의해 그러한 추세가 좌절되면서 이후 정권은 다시 종족 단위의 다원화에 맞닥뜨리게 됩니다. 사회구조에도 3세기 이후에는 사(士)와 서(庶)라는 이원적 계층이 형성되었습니다.

그렇게 여러 주변국들과 얽히고설킨 상태에서 분열하고 혼란과 대립이 계속되는 정치사회를 어떻게 조정하고 공존을 도모할 것인가는 대륙의 오랜 숙제였습니다. 수백 년 동안 시행착오를 거듭하면서 이 명제에 하나의 답을 내놓은 것이 바로 13세기에 등장한 몽골제국입니다.

중국까지 포함한 유라시아의 통합은 세계사가 빚어낸 거대한 하나의 '명작'이라고 표현할 수 있습니다. 그런데 이런 몽골제국도 한랭화를 이겨 낼 수는 없었습니다. 거대했던 제국은 14세기에 해체되었고, 그 우산 아래 있던 중국은 다시금 다원적인 세계로 되돌아갑니다. 이후 통합을 위한 납득할 만한 해답을 찾지 못한 채 오늘에 이르고 있습니다.

한편, 같은 시기의 한랭화에 대해 유럽은 근대화라는 형태로 해답을 이끌어 냈습니다. 즉, 서양 열강의 식민지 쟁탈전인 대항해시대의 막이 오르고 산업혁명에까지 이르는 과정입니다. 이것은 곧이어 세계화라는 조류를 형성해 중국 역사에도 지대한 영향을 끼치게 됩니다.

중국의 인구 분포에서 남북 간의 차이는 〈도표 4-2b〉에서 보는 바와 같이 14세기를 경계로 대전환을 맞이하게 됩니다. 그동안 일관되게 남방과 강남의 인구가 꾸준히 증가하다가 북방과 중원의

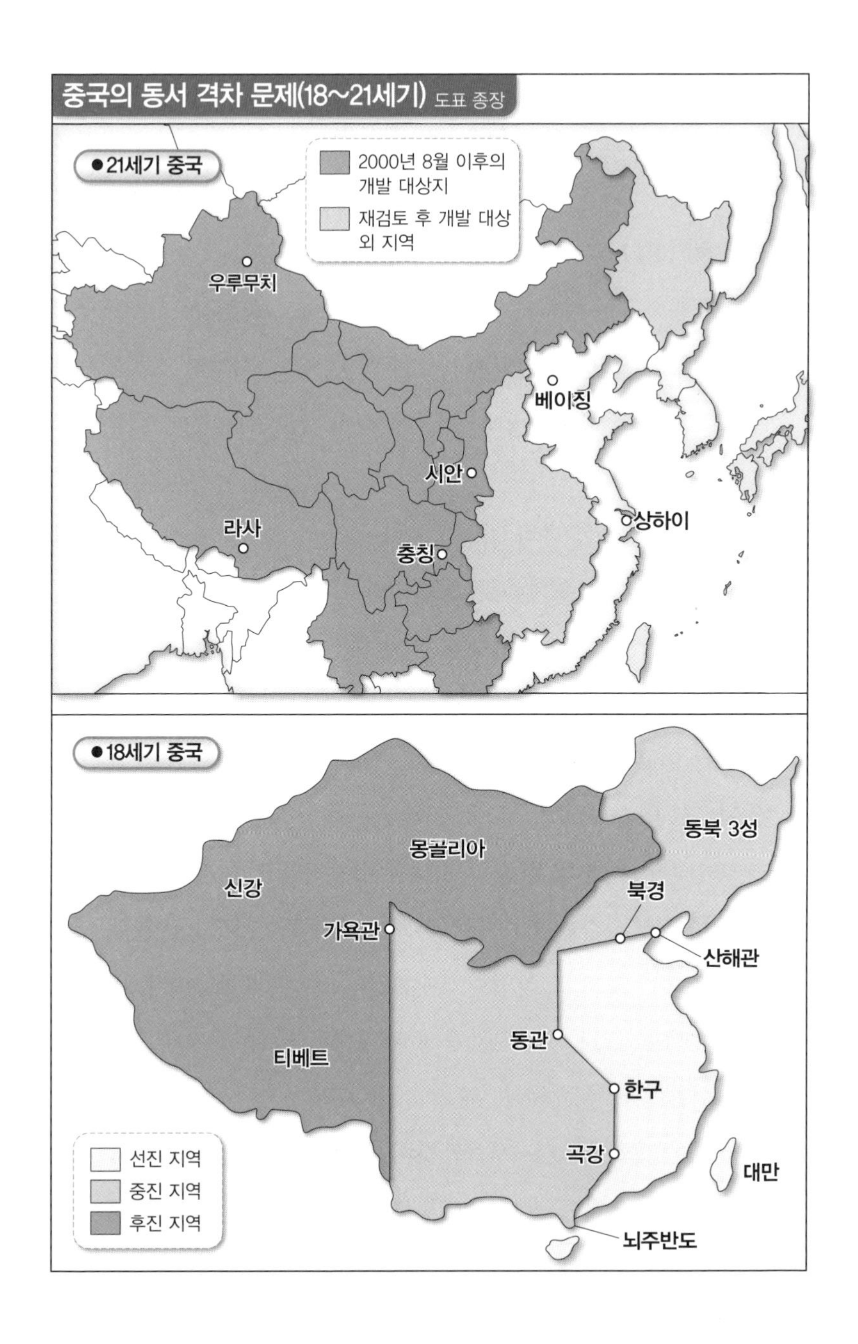
중국의 동서 격차 문제(18~21세기) 도표 종장
●21세기 중국
2000년 8월 이후의 개발 대상지
재검토 후 개발 대상 외 지역
우루무치
베이징
시안
상하이
라사
충칭
●18세기 중국
동북 3성
몽골리아
신강
북경
가욕관
산해관
동관
티베트
한구
곡강
대만
선진 지역
중진 지역
후진 지역
뇌주반도

비율이 높아지기 시작했습니다. 남방이 쇠퇴하고 북방이 발전해서라기보다는 더 이상 '남북'이라는 틀로 나누기가 불가능할 정도로 세계화의 거대한 물결이 중국을 덮쳤기 때문입니다.

이것은 14세기의 위기로부터 시작된 중앙아시아와 유목 세계의 위상 저하 그리고 그에 반비례하는 해양 세계의 영향력 확대를 보여 줍니다. 특히 16세기에 본격화된 대항해 시대 이후 유럽 · 일본과의 무역이 중국의 연해 지역을 발전시켰습니다. 남북의 격차가 결코 없어진 것은 아니지만, 그 이상으로 바다와 가까운 동쪽일수록 번창하고 서쪽 내륙일수록 뒤처지는 사태가 빚어졌습니다. 즉, 남북보다 동서의 양극화가 두드러지게 나타났던 것이지요.

이 구도는 지금까지 쭉 이어지고 있습니다. 동쪽은 선진적이고 서쪽이 후진적인 상황은 〈도표 종장〉에서 나타나듯이 18세기와 21세기의 지도를 비교해도 큰 차이를 보이지 않습니다.

근대 유럽국가의 영향을 받아 '국민국가'를 지향

즉, 대항해 시대의 영향으로 중국에는 남북의 차이뿐만 아니라 동서의 차이도 생겨나 공간적으로는 한층 더 분열된 것입니다. 또, 사회적인 격차로 보더라도 종래의 이원적인 '사서(士庶) 구조'에 가세해 사(士)와 서(庶) 사이에 다양한 신분 및 계층의 사람들이 끼어들게 되었습니다. 그럼으로써 중국 사회는 한층 더 다원화되고 복잡해졌습니다.

특히 17세기 이후 이 문제는 두드러지고 있습니다. 다시 말해 몽골의 철수와 명조의 성립 이후 전개된 중국의 역사라는 것은 뿔뿔이 흩어진 사회에서 어떻게 질서를 유지하고 공존을 도모할 것인가의 문제를 정권마다 풀어야 했던 난제의 반복이었다고 해도 과언이 아닙니다.

명조로부터 중국의 통치권을 넘겨받은 청조, 특히 18세기는 중국뿐만 아니라 동아시아 차원의 통합과 평화가 이루어진 것처럼 보였습니다. 그러나 유럽의 근대화가 가속화되고 서구 열강의 아시아 진출이 본격화되자, 중국 사회의 다원화 구조는 한층 심각해지고 문제점은 더욱 선명해졌습니다. 지방 세력이 점점 성장하면서 '작은 정부'를 지향하고 토착 세력을 존중하는 청나라의 통치 스타일로는 산업혁명 이후의 근대화에 대응할 수 없었습니다. 결국 중국의 19세기는 내우외환의 소용돌이에 휘말리는 시대가 되었습니다.

거기서 악전고투를 벌인 끝에 목표로 삼게 된 해답이 근대화를 이루어 낸 유럽의 근대국가, 또는 이를 본뜬 일본을 모델로 하는 '국민국가'의 형성입니다. 원래 국민국가는 단일구조적 사회에서 생겨난 시스템이며, 다원적 중국 사회에는 맞지 않습니다. 하지만 세계화된 세상에서 살아남기 위해서는 그 길밖에 없다고 생각한 것이지요. 여기에 오늘날까지 계속되는 중국의 혼란과 고뇌의 출발점이 있습니다.

청나라는 신해혁명으로 쓰러지고 중화민국이 탄생했습니다. 장제스가 이끄는 중화민국은 영국 및 미국과 깊이 관계를 맺었습니다. 또, 제2차 세계대전 후에는 마오쩌둥이 이끄는 중국 공산당이 중화인민공화국을 수립합니다. 이쪽은 소련의 공산주의와 연결되어 있기 때문에 에너지의 방향이 전혀 반대인 것 같지만 양쪽 다 '국민국가를 만든다'라는 목표를 내건 점에서는 일치하는 점이 있습니다. 어디까지나 국민국가를 만들고, 서양과 일본에 대항하기 위한 대책이 바로 중국의 '혁명'이었던 것입니다.

그런데 국민국가 형성이라는 이데올로기와 다원성을 높여 왔던 역사적 현실 사이에는 쉽게 메워지지 않는 갭이 있습니다. 그래서 이것이 채워질 때까지 영원히 혁명을 계속해야 합니다. 그것이 오늘날의 중국의 모습일 것입니다.

'하나의 중국'과 '일국양제'라는 말의 분열적 요소

예를 들어, 중국 정부는, 이전부터 '하나의 중국'이라고 하는 슬로건을 정책적인 입장으로서 내걸고 있습니다. 국시라고 해도 좋은데, 중국 대륙뿐만 아니라 대만, 홍콩, 마카오 모두 통일된 중국의 지배 아래 있다는 개념입니다. 하지만 이렇게 기만이 가득한 말은 없을 것입니다. 현실적으로 중국은 여러 소수민족 문제와 국경 문제도 안고 있습니다.

예를 들어, 민족 문제를 보면 티베트 문제가 있습니다. 중국은 주권과 귀속을 주장하고 티베트는 높은 수준의 자치권을 요구하며 대립 중인데 해결의 기미조차 없습니다. 또, 얼마 전에는 신장위구르자치구 주민 수십만 명이 중국 당국에 의해 강제수용소로 보내졌다는 보도가 나와 국제사회에 큰 충격을 주었습니다. 중국 정부 측에도 이에 대해 할 말은 있을 것이라고 생각합니다만, 어쨌든 무리하게 탄압하고 있다는 인상을 지울 수 없습니다.

국경 문제만 해도 일본의 센카쿠 열도 문제뿐만 아니라 베트남과 난사군도 문제가 있고 심지어 인도, 파키스탄과도 국경을 둘러싼 갈등이 이어지고 있습니다.

중국은 홍콩과 마카오에 '일국양제(一国兩制)'를 도입하고 있습니다. 이는 원래 대만과의 통일을 전제로 구상한 것이지만, 그전에 영국에서 반환된 홍콩에 먼저 도입되었습니다. 그런데 불충분한 민주화와 강압적인 중국화에 반발하는 홍콩 주민과의 충돌 등 모순이 분출되고 있습니다. 2014년에 일어난, '우산 혁명'이라 불리는 대규모 폭동은 아직도 기억에 새롭습니다.

애당초 '일국양제'를 제정할 필요가 있다는 것 자체가 겉으로는 하나의 국가이지만 현실은 분열적 요소를 가지고 있다는 것을 스스로 표명하는 것이나 다름없습니다. 더구나 국민국가의 경우는 정부 권력이 작동하고 있다는 것을 대내외에 보여 줄 필요가 있습니다. 그렇기 때문에 제도가 달라도 중앙의 통제와 압력이 강하게 유지되고 있는 것입니다. 그런데 이 어긋난 지점에서 사람들의 불만이 커지고 확산하면서 대폭동으로 이어진 것입니다.

중국의 역사적 다원성은 구조적 문제로 이해

'일국양제'는 중국이 직면한 문제인 동시에, 한편으로는 다원적이면서 지역마다 다른 통치방식을 적용했던 중국의 역사를 반영하고 있습니다. 게다가 그 경계선도 모호하다는 점이 통치방식을 더욱 복잡하게 만들고 있습니다. 오래된 역사적 다원성을 국민국가라는 패키지로 묶을 수 있을 것인가. '혁명'이 시작된 후 지금까지 중국이 계속 안고 있는 큰 과제입니다.

당연히 대만도 '일국양제'에 대해서는 주의를 기울이며 경계하고 있습니다. 중국 대륙을 적대시하고 독립국가를 지향하는 현재의 차이잉원(蔡英文) 정권을 만들어 낸 원동력이기도 합니다.

또, 중국의 사회구조의 복잡성은 경제체제를 보아도 확연하게 드러납니다. 국가적으로는 공산당에 의한 일당독재를 견지하면서 경제는 덩샤오핑 시절부터 시장경제를 지향하고 있습니다. 과거 마오쩌둥은 명실상부한 '하나의 중국'을 지향하며 위부터 아래까지 모두 사회주의, 계획경제로 운영하려 했으나 큰 실패로 끝났습니다. 그래서 민간 사회의 다원성과 그 동력을 인정하고 사회주의 시장경제라는 체제를 도입한 것입니다.

그 결과 중국은 급속한 경제성장을 이루어 왔습니다. 그러나 여러 가지 경고음도 울리고 있습니다. 하물며 경제성장의 속도가 느려지고 있는 요즘 어떻게 경제를 연착륙시킬지가 시진핑 정권의 매우 중요한 과제라고 생각합니다.

여기서도 공통된 문제는 '역사적 다원성'과 '하나의 중국'이 빚어내는 현실에서의 상극(相極)과 이데올로기의 괴리라고 바꿔 말할 수도 있겠지요. 그 괴리는 매우 크고 심각하지만 근래에 불거진 문제는 아닙니다. 이 책에서 본 것처럼 역사적 경위를 생각한다면 상극일 수밖에 없는 구조적 문제로 이해해야 합니다. 반대로 말하자면 중국의 역사를 제대로 보지 않으면 지금의 중국이 처한 입장과 처지를 정확하게 알 수 없다는 의미이기도 합니다.

'중화민족'의 부흥을 '중국몽'으로 제시한 시진핑

사실 다원화 사회를 하나로 묶으려는 시도는 중국뿐만 아니라 다른 아시아 국가의 역사에서도 종종 빚어졌습니다. 나라마다 정도의 차이가 있을 뿐이지요. 그 과정에서 불거지는 갈등을 어떻게 처리하느냐가 각국 역사에서 주요 포인트였습니다.

나라마다 갈등을 해결하는 수단으로 사용한 것이 바로 종교입니다. 세계 3대 종교로 불리는 이슬람교, 기독교, 불교는 모두 발상지가 아시아입니다. 그것은 아마도 종교를 통해 다원성을 묶어 내는 보편성, 이데올로기, 혹은 질서를 제공하는 것이 모든 아시아 지역의 역사를 관통하는 과제였기 때문일 것입니다.

그것도 하나의 종교나 신앙으로 한정한 것이 아닙니다. 한 군주가 여러 종교를 장려하고, 신봉하고 심지어 같은 장소에 사는 각 종교의 신자들을 연결해 공존하도록 만든 경우도 있었습니다.

아시아에서는 종교라는 보편적 존재조차 다원적으로 존재하고 있었다는 의미로 봐야 합니다. 즉, 복수의 종교를 중층화시켜야 비로소 다원화 사회의 공존이 가능한 체제를 유지할 수 있다는 뜻이지요.

또, 이것은 아시아의 역사에서 정교(政教)의 분리는 성립되기 어렵다는 점을 보여 줍니다. 다원성이 강한 사회에서 안정된 체제를 존속하려면 종교는 아무래도 빼놓을 수 없습니다. 여러 개의 보편성을 중층시켜야 하는 경우에는 더욱 그렇습니다.

유럽에서 정교 분리가 성립할 수 있었던 것은 사회도 신앙도 단일하고 균질한 구조로 정리되어 있었기 때문입니다. 정치와 종교를 분리해도 사회가 해체, 분열되지 않는다는 확신이 그 배후에 있습니다. 반면 만일 아시아에서 정교 분리를 실시했다면 체제와 질서는 금방 산산조각이 나서 혼란이 야기되었을 것입니다.

중국의 경우도 통합의 상징으로서 유교 · 주자학이 마련되었습니다. 그런데 유교는 한인의 보편적인 이데올로기이기 때문에 몽골이나 티베트와 공존한 청나라로서는 그것만으로는 부족합니다. 그래서 유교적 성인을 지향한 청조의 황제는 동시에 티베트 불교에도 귀의해 보편성의 중층화를 도모했는데, 그 체제도 18세기까지밖에 유지되지 못했습니다.

근대 이후에는 유교 · 티베트 불교와 함께 앞서 말한 '국민국가'나 '하나의 중국'으로 이데올로기가 대체됩니다. 동시에 청대의 '다원공존'이라는 개념을 대체할 수 있는 질서와 통합의 상징으로 '오족공화(五族共和)'나 '중화민족(中華民族)' 같은 것들이 종종 제기되기도 했습니다. 이렇게 해서 중화민족의 부흥을 '중국몽'이라는 슬로건으로 제시한 시진핑 정권도, 결국 아득한 옛날부터 이어져 온 중국사의 한 장면을 연상시킨다 해도 별 무리가 없습니다.

세계사와 연결해서 배우는 중국사

사족이 될 수도 있겠지만 지금까지 살펴본 중국사는 더 넓은 영역에 연결되어 있습니다. 현대는 미국 · 유럽이 모든 영역에서 표준이 되는 시대입니다. 의식하든 안 하든 모든 일은 서양의 기준으로 이루어지고 있으며, 모두 그것을 당연하다고 생각합니다.

역사에 대한 시각도 마찬가지입니다. 원래부터 '역사학'이라는 학문은 서양이 발상지이며, 이른바 서양 중심 사관에 기준을 두고 있습니다. 게다가 서양사와 일본사는 근대화 과정을 통해 유사한 역사 과정을 거치고 있습니다. 그리고 서양은 중세라고 하는 봉건 시대를 지나고 근대화를 거쳐 오늘에 이르고 있습니다.

본래 일본인과 중국인은 같은 동아시아인이며, 얼굴도 비슷하고, 한자를 쓴다는 공통점도 있습니다. 그런데 일본인은 중국인의 언동에 대해 위화감이나 불쾌감을 느끼는 경우가 적지 않습니다. 이것은 외모와 언어의 차이가 큰 서양인에게 친근감을 느끼는 것과 매우 대조적입니다.

그렇다면 왜 그렇게 느끼게 되는지 생각해 본 적이 있나요? 그것은 앞에서 서술한 것처럼 서양사관 중심의 세계사와 달리 중국은 전제조건이 전혀 다른 중국사 · 아시아사를 거쳐 오늘에 이르고 있기 때문입니다. 그런 중국을 대할 때 서구의 견해가 일종의 고정관념이 되어 서구적이지 않은 중국이라는 국가를 머릿속에서부터 미리 이질적인 존재로 파악하고 있기 때문입니다.

즉, 실체로서의 중국을 알기 위해서는 서양사관에서 벗어나 중국 역사의 축적과 마주할 필요가 있습니다. 그렇게 할 수 있다면 중국인의 발상이나 언동도 조금 더 이해하기 쉬워질 것입니다. 서양의 입장과 그들의 역사관만 아는 것으로는 시각이 편향되어 세상을 오인할 수 있습니다. 중국이나 중국인에 대한 위화감과 편견도 거기서 유래한 것이 아닐까요.

세계에는 유럽과 다르게 발전해 온 다른 역사가 있다는 것을 알

았으면 좋겠습니다. 그럼으로써 우리의 역사관을 재검토하고 고정 관념을 반성하며 세상을 제대로 바라보는 기회가 되었으면 좋겠다고 생각합니다. 이런 의미에서도 중국사를 배우는 것은 좋은 기회가 될 것입니다.

옮긴이의 글

세상에서 가장 짧은 중국사를 읽었습니다

이 책을 처음 받아 봤을 때 솔직히 조금, 아니 많이 당황했습니다. 중국사라고 하는데 책 두께가 너무 얇았기 때문이지요. 요즘처럼 벽돌 책이 흔한 시대에, 한 시대도 아니고 중국 역사 전체를 고작 이 정도의 분량으로 다룰 수 있을지 의구심이 일었습니다. 그런 의심을 품고 책을 폈는데 첫 문장부터 머리를 때렸습니다.

'건조 지역과 습윤 지역이 인류의 삶을 양분했다.'

서양사에서는 기후학과 생태학을 접목하는 시도를 적지 않게 봤지만, 중국 역사를 이렇게 풀어 가기 시작한 책은 처음이었습니다.

그리고 그때부터 정신없이 빠져든 것 같습니다.

이 책에서는 흔히 중국사를 다루는 책에서 기대할 법한 유비, 관우, 장비의 영웅담이나 진시황, 유방, 주원장 같은 인물들의 건국 서사는 거의 찾아볼 수 없습니다.

아예 지은이는 명나라 시대를 다루면서 “명나라 정치사는 거의 언급하지 않겠습니다. (명나라의) 정치는 단지 계파 싸움과 권력 투쟁으로 ‘찻잔 속의 태풍’이라고 할 수 있기 때문입니다”라고 선언해 버립니다. 자신감을 넘어 파격이라는 생각이 들 정도입니다. 그러면서 “황제도 태조 주원장과 영락제 외에는 그다지 기억할 필요가 없을 것 같아요. 정치가 · 관료 역시 마찬가지로 이렇다 할 인물은 없습니다”라고 단언합니다.

그래서 가끔은 반발심도 들었습니다. ‘아니 이게 무슨 말이야, 명나라에 장거정(張居正)이나 원숭환(袁崇煥) 같은 유명한 인물이 얼마나 많은데. 과연 어떻게 정리했는지 두고 보자’라는 생각으로 책을 읽어 나갔는데, 어느새 고개를 끄덕이고 있는 저를 발견하게 되었습니다. 이유가 있습니다.

이 책은 우리에게 잘 알려진 역사적 사건의 맥락과 배경에 어떠한 힘이 작용했는지를 세밀하게 살펴 나가고 있었던 것이지요.

예를 들면, 《삼국지연의》로 익숙한 위 · 촉 · 오 삼국시대가 그렇습니다. 약 60년에 걸친 이 시기에 중국 인구는 급격하게 감소했습니다. 후한 말 6,000만 명에 달했던 인구가 삼국 통일 후엔 770만 명으로 대폭 줄었다고 기록되어 있습니다. 그래서 ‘영웅들에게는 멋진 시대였을지 몰라도 당대를 살아가는 백성들에게는 가혹했던 시기'라는, 눈을 번쩍 뜨이게 하는 해설이 뒤따르곤 합니다.

이 책은 다른 중국사 책보다 한 단계 더 깊이 들어갔습니다. 바로 기후와 환경입니다. 삼국시대는 그간 온난했던 중국의 기후가 한랭기로 전환되던 시기였습니다. 기후가 불순해지면서 농업 생산력은 낮아졌고, 정부는 인구를 제대로 파악할 만한 행정력을 유지하기 어려웠다는 것이지요. 이 때문에 각 지역이 각자도생의 길로 접어들면서 곳곳이 블록화됩니다.

유비나 관우, 제갈량 같은 인물들의 이야기는 거의 등장하지 않지만, 기존의 다른 역사책에서는 접하기 어려웠던 위 · 촉 · 오 시대에 대한 남다른 시각과 이해를 얻을 수 있었습니다.

번역 작업은 의구심과 반발, 놀라움과 이해의 과정이었습니다. 조금은 짧다고 생각했던 이 책에서 그 어떤 역사책보다도 많은 생각거리와 다양한 시각을 얻었다고 고백하지 않을 수 없습니다. 특히 대학에서 한국사를 전공한 저로서는 더더욱 부러울 뿐입니다. 언젠가 우리나라에서도 한국 역사를 이렇게 입체적인 시각으로 정리한 대중 교양서를 만나고 싶습니다.

유성운

지도로 읽는다
세계사 속 중국사 도감

초판 1쇄 인쇄 2021년 11월 2일
초판 1쇄 발행 2021년 11월 4일

지은이 | 오카모토 다카시
옮긴이 | 유성운
펴낸이 | 황보태수
기획 | 박금희
마케팅 | 유인철
교열 | 우정희
디자인 | 김민정
인쇄 | 한영문화사
제본 | 한영제책

펴낸곳 | 이다미디어
주소 | 경기도 고양시 일산동구 정발산로 24 웨스턴타워1차 906-2호
전화 | 02-3142-9612
팩스 | 0505-115-1890
이메일 | idamedia77@hanmail.net
블로그 | https://blog.naver.com/idamediaaa
네이버 포스트 | http://post.naver.com/idamediaaa
페이스북 | http://www.facebook.com/idamedia
인스타그램 | www.instagram.com/ida_media

ISBN 979-11-6394-050-0(04900)
978-89-94597-65-2(세트)

이 책은 저작권법에 따라 보호받는 저작물이므로 무단전재와 무단복제를 금지하며,
이 책 내용의 전부 또는 일부를 이용하려면 반드시 저작권자와 이다미디어의 서면 동의를 받아야 합니다.